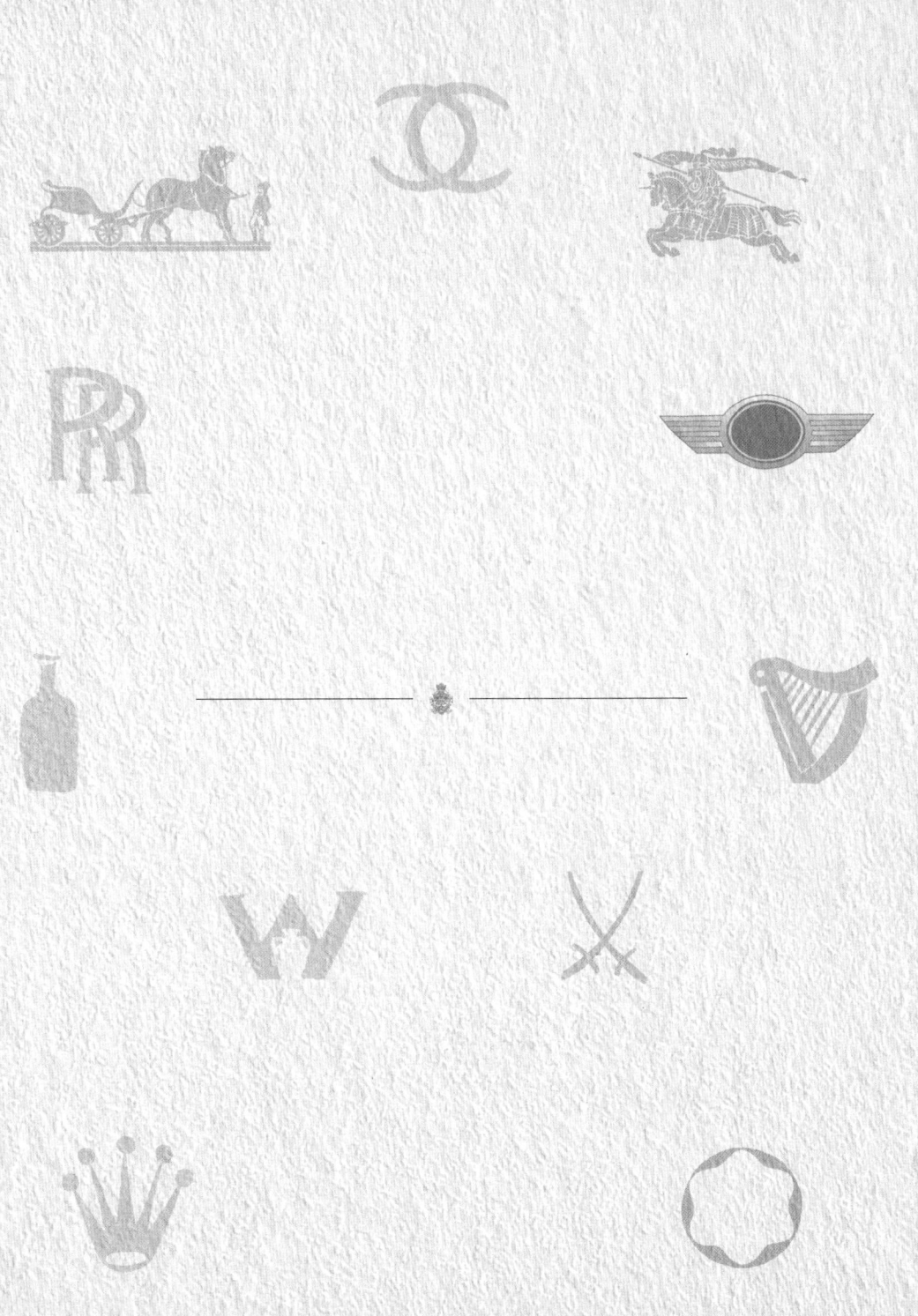

그들은 어떻게 항상 이기는가?

초판인쇄	2021년 06월 25일
초판발행	2021년 06월 30일

지은이	임태승
펴낸이	안위정
디자인	여우ㅣ임서하
펴낸곳	도서출판 비투(B2)
주소	경기도 하남시 덕풍남로11, 104-202
전화	070-7534-4525
팩스	070-7614-3586
이메일	b2publishing@naver.com
등록번호	126-92-30155
등록일	2014년 6월1일

© 임태승 2021

ISBN   979-11-953006-5-5   03320

값 18,000원

그들은 어떻게 항상 이기는가?

<世界 名品 30>의 특별한 마케팅

임태승 지음

머리말

1. ⟨신데렐라⟩ 최종보고서 015

2. 내러티브 마케팅이란 무엇인가? 024

    내러티브의 정의 025
    내러티브의 구조적 원리 026
    내러티브 마케팅의 정의 030

3. 마케팅의 방식, 다섯 가지 035

    사례 1: 박카스 036
    사례 2: 베네통 037
    사례 3: 맥도날드 039
    사례 4: 샤넬 N°5 040
    마케팅 방식 비교 042

4. 내러티브 마케팅 사례, 서른 가지 046

    기네스 GUINNES　051

    라이카 Leica　058

    러쉬 LUSH　065

    레고 LEGO　072

    록시땅 L'OCCITANE　079

    롤렉스 ROLEX　086

    롤스로이스 ROLLS-ROYCE　094

    리모와 RIMOWA　101

    리츠 파리 호텔 The Ritz Paris　108

    마이센 MEISSEN　116

    몰스킨 MOLESKINE　123

    몽블랑 MONTBLANC　130

    미니 MINI　137

버버리 BURBERRY 144

블루 보틀 커피 BLUE BOTTLE COFFEE 151

산타 마리아 노벨라 Santa Maria Novella 157

샤넬 CHANEL 164

샴페인 CHAMPAGNE 171

쇼메 CHAUMET 178

에르메스 HERMÈS 185

에비앙 evian 192

웨지우드 WEDGWOOD 199

이솝 Aēsop 206

이케아 IKEA 212

캐나다 구스 CANADA GOOSE 219

트와이닝 TWININGS 225

티파니 TIFFANY & CO. 232

파타고니아 patagonia 239

프라이탁 FREITAG 246

할리데이비슨 HARLEY-DAVIDSON 254

5. 내러티브 마케팅의 패턴과 제작 260

　　내러티브 마케팅의 종류와 성격 분석 261
　　내러티브 마케팅의 기획과 제작 266

머리말

내러티브 마케팅 Narrative Marketing
—— 본원적 욕망의 읽어내기와 충족시키기

세상에 브랜드는 많다. 역사적으로도 수없이 많은 브랜드가 생겨났고 사라졌으며 지금까지 존재한다. 시간의 축적은 매우 중요하다. 오랜 기간 살아남은 데엔 그만한 이유가 있기 때문이다. 최소한 "since" 뒤에 19세기 년도쯤은 박혀야 "전통"이란 수식을 얹을 수 있다.

구매자는 대개 그 시간을 신뢰한다. 금융자본주의 시대 이전, 혹은 1차 산업혁명 이전까지의 수공업 시대에선 장인의 기술력이 브랜드의 생명이었다. 따라서 시간은 기술의 축적을 의미하는 것이며, 브랜드의 햇수는 장인의 상품이 예술품의 경지에 이를 정도로 고급화되었음을 보여주는 지표이다.

이 예술품 같은 상품을 우리는 명품이라 부른다. 그런데 수공업의 시대가 저물고 기계공업의 시대가 되었어도, 수공업은 없어지지 않았고 장인은 여전히 건재하며 장인정신은 오히려 존중의 대상이 되었다. 왜냐하면 장인의 손으로 만들어진 물품에는 인간의 본원적인 욕망이 담겨있기 때문이다. 이것은 증기의 힘으로도 컨베이어벨트의 속도로도 컴퓨터의 연산으로도 풀 수 없고, 앞으로 인공지능의 분석·종합 능력으로도 해결할 수 없을 인간 고유의 내재 문제이다. 그러니 장인과 장인정신은 영원할 것이다. 인간의 욕망이 영원하다면 말이다.

그런데 장인의 물품이 인간의 본원적인 욕망을 담고 있는 것은 사실이지만, 거꾸로 인간의 본원적인 욕망은 꼭 장인의 물품만이 담아내는 것은 아니다. 시간이라는 역사가 풍부하지 않은, 상대적으로 신생인 브랜드도 명품의 신망을 얻고 있는 사례가 적지 않다. 그들이 성취를 거둔 까닭은 그들도 인간의 본원적인 욕망을, 장인과는 다른 차원이기는 하나 수준 높게 담고 있기 때문이다.

시간의 축적 유무와 별개로 성공한 브랜드의 공통점이자 1차적 관문은 인간의 마음을 읽는 것이다. 어디에서 기뻐하고 어디에서 놀라고 어디에서 자부심과 우월감을 느끼는지, 무엇을 바라고 무엇을 걱정하고 무엇을 기대하는지, 어떻게 달라지고 왜 택하며 언제 마음의 문을 여는지를 읽어낸 브랜드만이 살아나고, 오래 살아남았고, 앞으로도 오래도록 살아남을 것이다. 이 인간의 마음은 곧 인간의 본원적인 욕망을 의미한다. 그리고 이 본원적인 욕망이 바로 구매욕구이다. "성공한 브랜드 30"은 일단 이 구매욕구를 읽어냈고 충족 시켰기에 성공했다. 그렇지 않다면 지금 그들이 최정상일 리가 없기 때문이다.

 비즈니스 세계는 하나의 전쟁터이다. 이 책은 비즈니스 전쟁에 대한 미학적 관전평이다. 전쟁은 하나의 승부이고, 참여자는 이긴 자와 진 자로 나뉜다. 승자에게는 이긴 이유가 있고, 패자에게는 질 수밖에 없었던 이유가 있다. 그런데 한편으로 어떤 승자는 그 이긴 이유가 기가 막히다. 허를 찌르기도 하고 반전과 역설이 난무하기도 하며 감동적이기도 하고 우아하기도 하다. 그 곡절과 장엄의 서사들은 또한 유형별로 분류할 수 있고, 그로부터 교과서적인 교훈을 이끌어낼 수 있다.

 명품은 대부분의 사람이 선망한다. 명품브랜드가 어떻게 사람들의 구매욕구를 강렬하게 자극하는지, 연구하는 자세로 분석해 볼 필요가 있다. 대부분 명품브랜드 기업은 마케팅에 대해 그다지 전념하지 않는다. 한 번 명품의 반열에 올라서면 마치 무한궤도에 올라탄 것처럼 마케팅의 동력이 저절로 작동하기 마련이다. 손대지 않아도, 공학적이거나 물리적인 장치를 가동하지 않아도, 과장하거나 유인하지 않아도, 마케팅은 스스로 살아 움직인다. 브랜드는 그저 자기 자리에서 자신만 책임지면 된다.

 첫째, 애초 명품의 반열에 올라설 수 있었던 배경과 이유.
 둘째, 사후(事後)에 자가(自家) 작동하는 마케팅의 실질.

캐묻고 싶은 것은 크게 이 두 가지이다. 그리고 얻은 답은, 그 근본이자 핵심이 바로 "내러티브(narrative)"라는 것이다. 미학적으로 볼 때, "내러티브 마케팅"은 기초적인 광고홍보 마케팅은 말할 것도 없고 한 차원 높다는 감동 마케팅·감각 마케팅·스토리텔링 마케팅마저 뛰어넘는 궁극의 마케팅이다.

명품에 적용되는 인간의 본원적인 욕망은 구매욕구이다. 그렇다면 마케팅의 생명은 구매동기를 읽어내고 구매욕구를 충족시키는 것이다. 언제나 인간의 욕망은 미리 정해져 있다. 그러므로 마케팅은 기발한 무기로 인간에게 협박, 제안할 것이 아니라 인간 욕망의 비밀을 파악하여 달래주고 보여주기만 하면 된다. 보라! 인간은 항상 격하게 감동할 준비가 되어있지 않은가. 무엇에 감동하는지만 파악해서 제시해주면 되는 것이다. 이 책을 따라 내려가다 보면 무슨 수로 이런 일이 가능하게 되는지 그림이 나올 것이다.

2021. 4. 19

새로운 삶으로 충만한 자연의 시간 앞에서

임태승

1부
〈신데렐라〉 최종보고서

〈신데렐라〉 최종보고서

신데렐라의 정체성은 "아름다움 + 착함 + 가련함"으로 구성되어 있다. "아름다움"은 왕자와의 연결항이다. 왕자는 신데렐라가 착한지 가련한지 알지 못한다. 다만 그녀의 아름다움에 반했을 뿐이다. "착함"은 요술할머니의 도움이나 관객의 맹목적인 신데렐라 편들기에 충분조건으로 기능한다. 착하지 않고서 그냥 아름답거나 가련함만으로는 우리의 "정치적 올바름"을 작동시킬 수 없다. 도와주기나 편들기에는 반드시 구실이 필요한데, 특히 동화에서 가장 적합하고 오래된 명분은 착함이다. 그리고 "가련함"은 편들기 차원을 뛰어넘어 강렬한 동정을 불러일으킴으로써 우리를 신데렐라에 감정이입해 그녀와 동일체임을 느끼게 하는 메커니즘이다. 나와 신데렐라가 하나가 되었기에, 내가 알지도 못하고 내게 직접 잘못한 것도 없는 계모와 드리젤라와 아나스타샤를 우리는 미워한다. 미약한 시작이 창대한 끝으로 이어지는 줄거리는 동화 스토리의 모든 것이다. 기구하면 할수록 불우하면 할수록, 우리의 측은지심은 증폭된다.

〈신데렐라〉 이야기는 굳이 스토리를 말하지 않아도 모두가 아는 세계인의 동화이다. 그런데 가만 보자. 우리는 신데렐라에 대해 얼마나 알까? 신데렐라의 국적은? 신데렐라의 나이는? 아버지의 직업은? 당시의 시대는? 왕자의 이름은? 등등. 어릴 때 수없이 보고, 부모가 되어 아이와 함께 수없이 보고, 조부모가 되어 손자손녀와 또 수없이 보는, 가히 일생을 함께 하는 반려 판타지가 〈신데렐라〉다. 그럼에도 불구하고 우리는 신데렐라에 대해 아는 것이 너무 없다.

일단 보자. 〈신데렐라〉의 스토리는 발단·전개·위기·절정·결말의 다섯 과정으로 구성되어 있다. 첫째, 신데렐라가 계모와 의붓언니들에게 구박과 괴롭힘을 당하는 발단 과정. 둘째, 요술할머니의 도움을 받아 필요한 여건을 해결하는 전개 과정. 셋째, 극적으로 무도회장에 도착해 왕자와 춤을 추지만 마법이 풀리는 12시가 다가오는 위기 과정. 넷째, 마법이 풀리기 전 긴급히 탈출하는 길에 그만 유리구두가 벗겨지고 마는 절정 과정. 다섯째, 왕자가 가까스로 신발의 주인을 찾게 돼 행복하게 재회하는 결말 과정. 이 구성에서 〈신데렐라〉 스토리의 허브는 무도회이다. 새 식구들의 핍박 아래 신데렐라의 정서적 탈출구로서의 꿈이 무도회 참가이고, 요술 할머니의 존재 이유는 무도회 행을 위한 역할 행사이며, 왕자가 신데렐라를 알고 향후 찾게 된 동기도 무도회이다. 모든 인물의 등장과 동선의 흐름과 인과관계가 모두 무도회를 중심으로 연결되어 있다. 그리고 이 무도회는 바로 요술 할머니의 "비비디 바비디 부"와 "유리구두"가 앞과 뒤에서 밀어주고 당겨주며 완성시킨다. 치명적 완벽함이다!

그런데 우리는 절대 스토리 전체를 기억하지 않는다. 우리의 감각에 남겨진 것 몇 가지로 〈신데렐라〉를 정의할 뿐이다. 다시 말해, 우리가 〈신

onlifezone.com

데렐라〉에 대해 머릿속에 가지고 있는 인상은 스토리 전체가 아니라 황금마차와 벗겨진 신발 같은 환상적이고 운명적인 변곡점(變曲點)이란 거다.

이 대체불가의 변곡점을 필자는 "미학적 임팩트(aesthetic impact)"라 명명한다. 미학적 임팩트는 또한 "미학적 충격" 혹은 "미학적 압점(壓點)"이라 부를 수 있다. 이는 우리의 기억에 원형적으로 남아있는 이미지를 이야기의 핵심으로 연결시켜주는 하이퍼링크이자 매개체이다. 허나 여기서 그치지 않는다. 미학적 충격 혹은 미학적 압점은 우리의 감동·감정·동정을 일깨우고 나아가 뭔지 모르게 차오르는 느낌을 마저 꼭 눌러줌으로써 폭발케 하는 미학적 장치이다. 이 장치는 나와 주인공 사이에 격정적인 일체감을 만들어낸다. 동화 속 허구의 인물이 나의 아바타가 아니라

fposts.com/fbpost

내가 그 허상의 아바타이다. 그래서 나는 무조건 주인공의 편이 된다.

〈신데렐라〉에서 가장 압도적인 장면은 자정이 되기 전 무도회장을 빠져나갈 때 유리구두 한 짝을 떨구는 대목이다. 이 하나의 장면이 〈신데렐라〉를 선명하게 표상한다. 그리고 우리는 유리구두라는 기억으로 줄곧 〈신데렐라〉를 재구성한다.

"유리구두"는 구두라는 일상적이고 실제적 요소에, 구두의 재질로는 전혀 어울리지 않는 유리라는 비현실적 요소가 결합된 몽환적 오브제이다. 이는 실제의 현실 삶이 허구적이고 비현실적인 삶으로 변환됨을 수긍케 해주는 합리적 상징이다. 말이 안 되는 이 신데렐라 이야기를 긍정하게 되는, 그것도 감동적으로 용납하게 되는 것은 "유리구두"라는 이른바 미학적 충격이 우리의 사실판단을 마비시켰기 때문이다.

사실에 대한 판단을 논리적으로 하지 않고 상징적으로 하는 것은 미학적 충격 때문이다. 호박이 마차로 변한 것이라든지 착용감이라는 측면에서 절대적으로 무리인 유리 재질의 구두는 우리의 현실감을 정면으로 반박하는 초현실적 도발이다. 그런데 그 "초현실적"이라는 생각 자체는 사실 우리의 상식 혹은 고정관념이 만들어낸 믿음이다. 현실·비현실·초현실에서 무엇이 진실일까? 미학은 이 구분 자체를 건너뛴다. 미학에서의 아름다움은 실질적 아름다움이 아니라 아름답다고 믿어서 아름다운 아름다움이다. 그렇다면 우리가 신데렐라를 암묵적으로 혹은 맹목적으로 응원하는 한, 호박으로부터 바뀐 마차나 유리로 만든 구두는 말도 안 되는 맹랑한 얘기가 아니라 놀랍고도 통쾌한 탄복으로 받아들여진다.

jimmychoo.com

2015년에 세계 유명 디자이너 9명이 신데렐라의 "유리구두"를 현대적으로 재해석한 적이 있는데, 필자는 그중 지미 추의 이 작품이 가장 신데렐라적 유리구두라는 생각이 든다.

이 미학은 시퀀스를 통해 극대화된다. 호박과 마차 사이, 남루한 옷과 무도회 드레스 사이의 간극은 요술할머니의 "비비디 바비디 부"라는 주문이 메워준다. 12시를 알리는 열 두 번의 종소리가 끝나기 전 급박하게 탈출해야 하는 상황, 여기에 이 상황을 더욱 험난하게 만드는 길게 이어진 계단과 치렁한 드레스 아랫단, 더욱이 말도 안 되는 착용감의 유리구두. 게다가 긴박한 탈출길에 구두의 한 쪽 짝이 벗겨지고 만다. 아! 그렇지만 탄식도 잠깐, 이 벗겨진 구두 한 짝은 왕자와 신데렐라의 간극을 메우는 유일하고도 결정적인 단서가 된다. 만세! 숨 막히는 이 긴장이 미학적 충격이다. 이 숨 막히는 긴장으로서의 미학적 충격은 〈백설공주〉에서의 독을 머금은 빨간 사과나 〈인어공주〉에서의 용궁을 떠날 수 없게 만드는 물고기 하체, 심지어는 애플사의 로고인 베어 먹은 사과에서도 발휘된다.

그런데 여기서 주의할 것은, 미학적 충격이 유효하려면 적당히 구사해야 한다는 미니멀리즘 원칙이다. 마술램프에서 나온 지니가 단 세 가지 소원만 들어주겠다고 하는 것이 야박한 것만은 아니다. 원하는 대로 소원을 다 들어주겠다고 한다면, 우리는 당장 극장 밖으로 뛰쳐나와 버리든지 TV를 꺼버릴 것이다. 꿈은 한정과 제약이 있을 때 꿈이 되는 것이다. 압박이 없는 꿈은 꿈이 아니라 헛소리일 뿐이다. 〈신데렐라〉에서 요술할머니가 수시로 요술봉을 휘둘러 호박·배추·양파·브로콜리를 모조리 금마차·은마차·동마차로 바꾼다든지, 신데렐라가 구두 한 짝 버리고 조금 가다가 나머지 한 짝 또 버리고 다시 가다가 이번엔 스타킹 한 짝 벗어놓고 모퉁이 돌아서는 마저 다른 한 짝 스타킹까지 늘어놓고 뛰어가 버리면, 우리는 그만 지치고 만다. 신데렐라가 비록 아름다우면서 착하고 게다가 가련하기까지 하지만, 이제 그만 하자고 하게 된다. 심미피로인 거다. 안 좋은 형국 많이 겪는 것도 사납지만 예쁜 짓 너무 해도 꼴시럽다. 동어반복이 피곤한 것은 좋은 꼴이든 안 좋은 꼴이든 마찬가지다.

그렇기에 한 구간에서의 미학적 충격은 2~3 개가 적당하다. 한 개 이하면 잡히는 게 없어 밋밋하고 네 개 이상이면 지쳐서 외려 무덤덤해진다. 가장 관건적인 장면에서 핵심적인 소재를 사용하여 결정적인 미학적 충격을 전해주었다면, 이후로 더 이상 미학적 충격은 출현하지 말아야 한다. 만약, 신데렐라의 유리구두가 벗겨진 장면 다음에 또 다른 긴장이 계속 제시된다면 유리구두의 존재감은 뇌리에서 약화되고, 사람들은 잦은 충격의 수렁에 빠져 돌이킬 수 없는 피로에서 멈추고 말 것이다.

미학적 충격이란, 전체 이야기 흐름의 변곡점이 되는 결정적인 장면

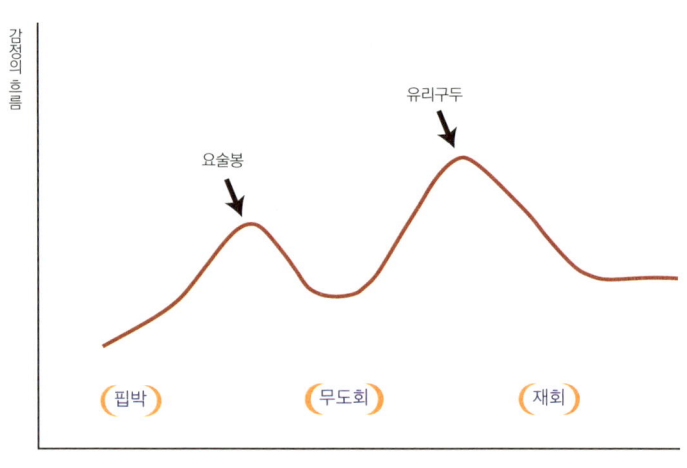

• 〈신데렐라〉의 "미학적 충격" 활용 •

에서 시간적, 공간적 상황의 특성과 소재의 속성 등이 결합하여 시너지를 불러일으킴으로써 관객에게 깊은 인상을 남기는 장치이다. 이러한 미학적 충격은 역동적인 이야기의 흐름을 극적으로 연결하는 중요한 고리가 되어 작품의 완성도를 높여줌과 동시에, 관객으로 하여금 시간이 지나도 작품을 인상적으로 기억하게 만드는 상징적 아이콘이다. 이런 면에서, 미학적 충격의 활용 사례로 본다면 〈신데렐라〉는 가장 완벽한 모범사례라 할 수 있다.

이 "미학적 충격(aesthetic impact)"을 얼마나 효과적으로 운용하느냐가, 다시 말해서 적당한 파장과 긴장을 통해 적절한 지점의 군데군데에 어떻게 미학적 자극을 극대화하느냐가 극(劇)의 성패(成敗)를 가른다. 급박한 순간 요술할머니의 "비비디 바비디 부"와 위기의 순간 벗겨진 신발 한 짝은 이야기 전체를 극적으로 연결하고 매듭지으며 불후하게 만드는 아이콘이다. 〈신데렐라〉에 대해 우리는 평생 이 두 가지만 기억하며 산다. 이 두 가지만 가지고 줄곧 〈신데렐라〉를 단순 재생산한다. "미학적 압점(壓點)"으로서의 이 요술봉과 유리구두가 바로, 이른바 "내러티브"라는 것이다.

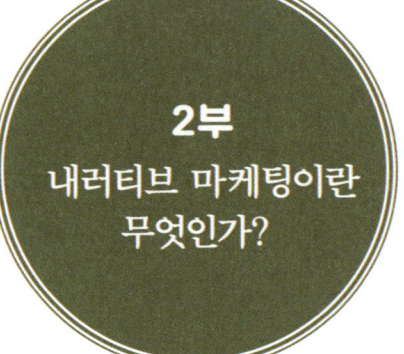

2부
내러티브 마케팅이란
무엇인가?

내러티브의 정의

먼저 "내러티브(narrative)"의 사전적 의미를 보자. 원래 문학이나 연극, 영화와 같은 예술 텍스트에서는 내러티브가 이야기를 조직하고 전개하기 위해 동원되는 다양한 전략, 관습, 코드, 형식 등을 포괄하는 개념으로 쓰인다.[1] 한편 내러티브와 비교되는 스토리텔링은 "스토리(story) + 텔링(telling)"의 합성어로서 말 그대로 "이야기하다."라는 의미를 지닌다. 즉 상대방에게 알리고자 하는 바를 재미있고 생생한 이야기로 설득력 있게 전달하는 행위이다.[2] 일단 양자의 차이를 보면, 스토리텔링이 이야기를 재미있고 납득이 가게끔 전달하는 것이라 한다면, 내러티브는 의미 전달을 위해 전략적으로 구성하여 작동시키는 특정한 장치라 할 수 있다. 전략적 장치라는 면으로 볼 때 내러티브에서 중요한 것은 충격, 인상, 상징, 효과 등이므로 스토리 내에서의 인과성 자체와는 전연 상관이 없다. "무엇을 말할 것인가?"가 아니라 "어떻게 표현할 것인가?"만을 유념하여 제작된 장치가 내러티브이기 때문이다.

이 내러티브의 전략적 성격을 마케팅의 한 방식으로 활용해 보자. 앞서 〈신데렐라〉의 사례에서 확인한 것은 관객이나 독자가 스토리 전체에 대한 이해나 인식으로서 보다는 특정한 몇 개의 단서로서 스토리를 정의하고 기억한다는 점이다. 그렇다면 역으로 또 하나의 〈신데렐라〉, 예컨대 〈어쩌다 신데렐라〉를 제작하고자 한다면 이때 중점적으로 고민해야 할 것은 관객이나 독자에게 그 작품을 효과적으로 정의·기억시키기 위해 어떠한 특정 단서를 "전략적으로" 장착할 것인가이다. 이 전략의 키워드는 "충격"이다. 이 작업은 스토리텔링과는 전연 다른 공정이다. 여기서의 목표는 〈어쩌다 신데렐라〉의 전체 스토리를 예술적 합리성에 기반 하여 재미있고 감동적으로 전개하는 것이 아니라, 〈어쩌다 신데렐라〉에 대해 호의를 갖게 함과 동시에 지독하게 기억시키는 것이다. 이 "호의 + 기억"의 조합이 바로 내러티브의 진정한 가치이자 효용이다. 〈어쩌다 신데렐라〉를 어떤 하나의 상품 브랜드로 치환해보자. 호의는 그 브랜드에 대해 강렬한 동조의식을 불러일으켜 그것과 동일체가 되게 한다. 줄곧 따라다니는 기억은 그 브랜드를 생활의 일부가 되게 한다. 생활이란 것은 시간의 흐름이니, 움직이는 것이고 변화이다. 하지만 동일체라는 것은 고정불변이며, 다른 가능성에 대해서는 아예 고려조차 하지 않음을 의미한다. 결국 우리가 상투적으로 말하는 바, 언제 어디서나 그 브랜드만 선택한다는 얘기이다.

내러티브의 구조적 원리

자극과 감각의 관계에 대해 베버의 법칙(Weber's law)이란 것이 있다. 이 법칙에 의하면, 처음에 작은 자극을 주면 그 자극의 정도가 약하더라도 쉽게 느낄 수 있고 차츰 자극의 강도를 올리더라도 충분히 그 자극의 변화를 느낄 수 있지만, 처음부터 큰 자극을 준 채 강도를 바꾸면 자극의 변화를 느끼는 능력이 약해져 이제 작은 자극에는 아예 느낄 수 없게 되고 처음보다 더 큰 자극에 의해서만 자극의 변화를 느낄 수 있다고 한다.

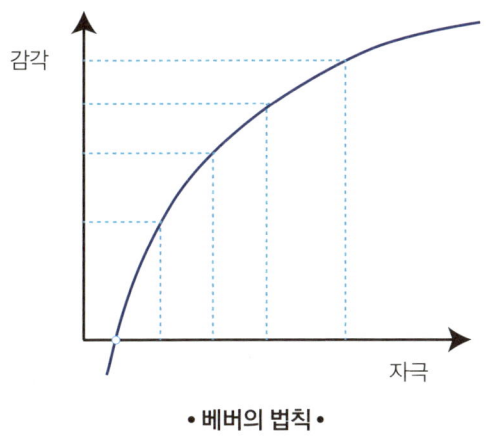

• 베버의 법칙 •

예컨대, 조용한 숲속에선 작은 새소리도 쉽게 느끼지만 시끄러운 체육관 안에서는 다른 소음보다 더 크게 말해야 알아들을 수 있는 것도 모두 이러한 베버의 법칙으로 설명된다. 그런데 베버의 법칙은 우리의 감각기관이 받아들일 수 있는 범위 내에서만 적용 된다. 자극의 강도가 너무 세거나 약해 수용범위를 벗어나게 되면 적용이 안 되는 것이다.

    시장경제의 체제에도 이 베버의 법칙은 무난히 적용되고 있다. 특히 사양이 끊임없이 상향되어야만 살아남을 수 있는 IT산업에선 더욱 그렇다. 예컨대 스마트폰 카메라의 9,000만 화소는 1억 화소 앞에서 아무 의미가 없다. 그래서 기술경쟁에선 "빠름"만이 유일한 화두이다. 하지만 정녕 그러한가? "빠르게"가 아닌 "다르게"도 한 번 생각해 볼 수 있지 않을까?

    여기서의 "다름"은 일단 기술외적인 것을 생각할 때 나올 수 있다. 하나의 상품을 고객이 선택할 경우의 예를 보자. 이 비즈니스의 승패는 고객의 구매에 달려있다. 고객이 구매하면 성공이고 구매하지 않으면 실패이다. 다시 구매, 더 나아가 구매욕구를 연구해 보자. 누군가는 성능이나 기능 혹은 디자인과 같은 질로부터 구매하려는 욕구가 생길 것이고, 또 누군가는 가성비에 끌려 사고 싶다는 생각이 움틀 것이다. 이때 우리는 내러티브라는 직관적이고 본능적인 방식을 사용해 보자. 질적인 우수함과 가격적인 매력은 모두 구매를 논리적으로 호소하는 무기이다. 그런데 무기는 내가 무서워하지 않으면 의미가 없다. 논리적인 구매 유도는 때로 강압적이다. 거기엔 "안 사고는 못 배길 걸!" 혹은 "이렇게 해도 안 사?"와 같은 오만과 폭력이 담겨있다. 이에 반해 내러티브 마케팅은 매우 합리적이다. 애정과 존경과 연대감을 갖고 기억하는 그들은, 자진해서 기다리고 저절로 오며 스스로 산다.

　맹목적 추종자들, 컬트는 자발적으로 움직인다. 무엇이 이러한 자발성을 이끌어내는가? 양질과 가성비 같은 외적 요인이 나를 움직이는 힘이 아니라, 그렇게 하지 않으면 안 되게끔 하는 신념적 맹종이 힘이다. 컬트는 이 "내재 권력"의 명령만을 따른다. 어떤 한 상품에 대해 애정과 존경과 연대감으로써 동일체 의식을 가졌을 때, 그는 그 상품만을 구매해야 자신의 존재가 증명된다. 궁극적으로 그 상품을 구매하는 것은 자신의 진가(眞價)를 확인하는 것이요, 자신의 성가(聲價)를 설파하는 것이다. 성공한 모든 브랜드는 한결같이 말한다. "어느 순간 그들이 스스로 와서 나의 컬트가 되었다!"

　내재 권력은 사람을 움직이는 마음속 진정한 권력이다. 내재 권력은 내러티브에서 나오지 절대 상품 자체에서 움트지 않는다. 컬트는 상품이 만들어낸 권력에 예속되거나 굴종하는 것을 단연코 거부한다. 그들은 취향이 원하는 것을 접고 성능·기능·편의성·가성비 등에 굴복하는 것을 자존감의 상실로 여긴다. 이러한 행위는 자아상실이자 영혼 실종이다. 왜냐하면 그들에게는 팬덤(fandom)으로써 하는 구매행위가 자아구현이기 때문이다. 가히 물활론(物活論: animism)의 경지이다.

이러한 물활론적 팬덤의 원천은 원형심상(原型心象: Archetypal images)에서 찾을 수 있다. 융(C. G. Jung)파 심리학이 정리한 바, 원형심상은 신화시대부터 구축되고 현재까지 잔존되어 세계 도처에 나타나는 집단적 성격의 정신적 산물이나 이미지를 말한다. 달리 말하자면 이 원형심상은 인간 정신세계의 원형이자 근원이라 할 수 있다. 시간과 공간에 따라 인류발전의 전개과정이 다르게 나타났을 지라도 그 외형 이면에는 공통의 원형심상이 화석처럼 온전히 보존되어 왔다. 따라서 인류의 정신성은 영원히 현존하는 것이며 적어도 늘 동일하게 반복된다고 할 수 있다. 제의(祭儀)와 시와 노래는 이 "영원한 현재"가 계속 재생되는 레코딩이다. 우리는 그것들을 듣고 보면서 최초 혹은 옛날에서와 같은 효능을 끊임없이 얻는다. 돌아가고자 하는 좋았던 그 시절은 모든 이의 로망이다. 나는 지금 중요한 것을 잃어버렸지만 저기 한편에서는 잃어버린 그 원형을, 그 원형의 이미지가 무한히 되풀이되고 있다. 그래서 우리의 무의식은 그 원형심상과의 동화(同化)를 무던히도 꿈꾼다. 우리가 어떤 특정한 상품에 대해 팬덤이 생기고 컬트가 되는 것은 그 상품의 어떤 요소가 나의 원형심상과 맞아 끌렸기 때문이다. 그렇다면 내러티브 마케팅에서 해야 할 일은 무엇인가? 우리의 원형심상을 정확히 분석하여 그 이미지를 상품에 내재하는 것이다.

내러티브 마케팅의 정의

현대 산업사회에서는 기술의 발전 속도가 점점 빨라짐에 따라 제품 간 기술 격차는 갈수록 줄어들고 있다. 기술의 평준화와 보편화라는 상황에서는 제품이 가지고 있는 기술적 성능의 우위만으로 소비자들의 구매를 이끌어내는 것은 한계가 있다. 소비자들의 구매 욕구를 자극하기 위해서는 제품의 성능·기능·편의성·가성비 그 이상의 것이 필요하게 되었다. 내러티브 마케팅(Narrative Marketing)은 바로 이에 대한 대안이자 타개 전략이다.

내러티브 마케팅이란 소비자들이 상품 자체가 아니라 상품이 가진 특별한 가치를 소비하게 만드는 것을 말한다. 또 내러티브 마케팅은 "미학적 충격"을 효과적으로 운용하여 사람들로 하여금 공감과 연대감을 불러일으키는 작업이라고 할 수 있다. 내러티브 마케팅은 상품에 공감적 요소를 부여하여 정체성을 창출하고, 소비자로 하여금 상품의 정체성과 자신의 정체성을 동일시하도록 만들어 상품의 구매를 유도하는 마케팅 기법이다. 내러티브 마케팅의 궁극적인 목표는 전달하고자 하는 대상의 정체성과 정보를 전달받는 사람의 정체성을 일치〈공감〉시킴으로써, 마치 그 대상이 자신의 일부분인 것처럼 느끼게 만드는 것〈연대감〉이라고 할 수 있다. 상품과 소비자는 물아일체(物我一體)가 되는 것이다. 결국 소비자가 애착을 가지고 소비하는 대상은 상품 자체의 효용이 아니라 그 상품이 주는 공감적 요소, 즉 이미지이기 때문에 소비자의 상품에 대한 애착은 맹목적이고 절대적인 것이 된다. 이 공감과 연대감이 곧 컬트를 만드는 결정적 요소이다. 컬트는 내러티브로 인해 자신의 구매에 정당성을 부여하게 된다.

또한 내러티브 마케팅은, 상품의 품질이나 디자인과 같은 고유 속성보다는 상품 안에 미학적 충격의 요소를 담아 단순한 하나의 상품을 고유한 가치를 지닌 브랜드로 변모시키는 마케팅을 의미한다. 이는 소비자로 하여금 상품을 선택할 때 현실성보다 만족을 선택하게 하며, 소비자의 구매행위를 "누림 + 보여주기"의 복합행위로 만들어 준다. 즉 해당 상품의 소비는 나의 존재와 자아를 확인하는 것〈누림〉일 뿐 아니라 나의 정체를 바깥으로 현현하는 것〈보여주기〉이기도 하다. 상품에 공감적 요소를 부여하고 연대의식을 끌어내기 위한 장치로 사용되는 미학적 충격은 상품의 정체성이 소비자의 기억에 각인되도록 만든다. 이때 구매욕구의 본질을 건드릴 수 있는 미학적 충격은 간결하게 2~3회 제시하는 것이 중요하다. 2~3회의 감정선에 올라 타 이리저리 꺾이면서 동화적으로 몰입되는 사이, 제품의 정보를 뛰어넘어 이미 구매욕구가 선제적으로 발동하게 된다.

그렇다면 내러티브 마케팅은 어떠한 방법을 통해 미학적 자극을 극대화하여 전달하고자 하는 대상과 사람들의 정체성을 일치시키는 작업을 하는 것일까? 그것은 바로 정보를 전달할 때, 사람들 마음의 주관적 성향, 즉 개인이 세계를 인식하여 그것을 다시 "자신의 세계"로 인도하고 해석하는 방식에 영향을 미치는 요소를 담는 것이다. 이 요소는 다시 말해서 동감과 감동, 그리고 기억을 이끌어내는 인자라 할 수 있다. 이 인자들은 장인의 솜씨, 차별성, 정체성, 진정성, 품격, 철학, 사회공헌, 연고나 유래,

셀럽, 팬덤 등이다. 이들은 크게 네 가지로 분류할 수 있다. 역량(품질 · 차별성), 가치(정체성 · 진정성 · 품격 · 철학), 사회에 대한 배려(사회공헌), 우연한 보상(연고/유래 · 셀럽 · 팬덤)이 그것이다. 이 요소들이 내러티브 마케팅에서 미학적 충격으로 기능하는 것이다. 이 미학적 충격은 나의 원형심상과 일치 혹은 유사한 지점에서 공감을 불러일으키고, 이로써 제품과 나는 동일체가 되어 연대감이 발로되는 것이다.

다시 정리하자면, 내러티브 마케팅은 다음과 같은 세 과정을 겪으며 완성된다. 첫째, 어떤 한 제품에 대해 이 네 가지 요소 중 일부를 미학적

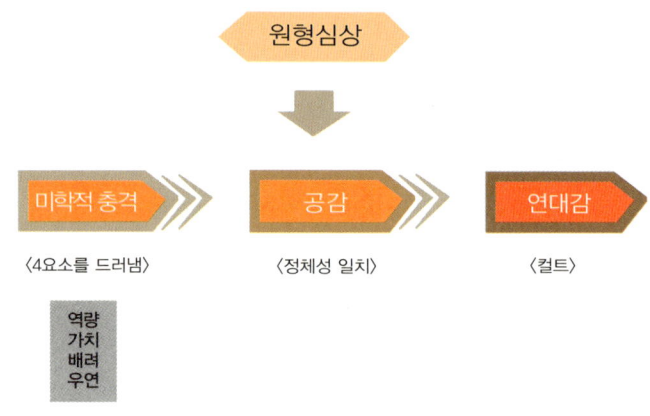

충격으로 받아들이고 공감하게 된다. 둘째, 이 공감은 해당 제품이 내재한 4요소 중 일부에 대해 내가 정체성의 일치를 경험했다는 것이고, 그 일치는 양자가 모종의 원형심상을 공유하고 있기 때문에 성립된 것이다. 셋째, 이제 이 동일성 확인으로 인해 나는 그 제품에 대해 유대감과 연대의

식을 갖게 된다. 컬트가 된 것이다.

일반 마케팅과의 비교를 통해 내러티브 마케팅의 효과를 살펴보자. 일반 마케팅은 대체로 다음과 같은 양상으로 작동된다.

여기선 상품과 소비자가 단절되어 있다. 상품의 가치는 효용〈성능 · 기능 · 편의성 · 가성비〉으로 대변되며, 소비자는 합리적 선택을 통해 그

• **일반 마케팅** •

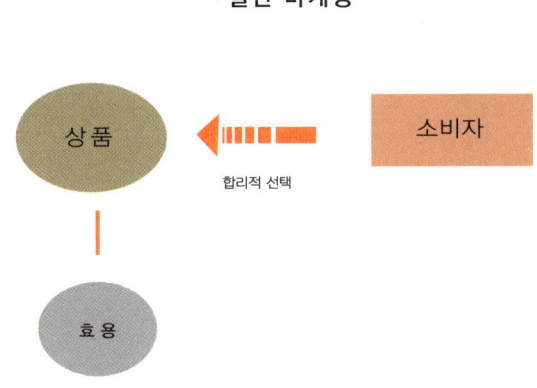

상품의 효용을 구매하는 구조이다. 하지만 여기서는 구매의 대상이 성능 · 기능 · 편의성 · 가성비 등에서 상대적 우위를 갖는 다른 상품으로 쉬이 대체 가능하기 때문에 상품에 대한 소비자의 충성도는 낮을 수밖에 없다.

반면 내러티브 마케팅의 작동방식은 다른 구조를 갖는다.

여기서 소비자는 상품과 자신을 동일시한다. 상품이 자신의 정체성

을 대리 구현하는 존재로 승화된 것이다. 상품의 가치는 상품이 지닌 공

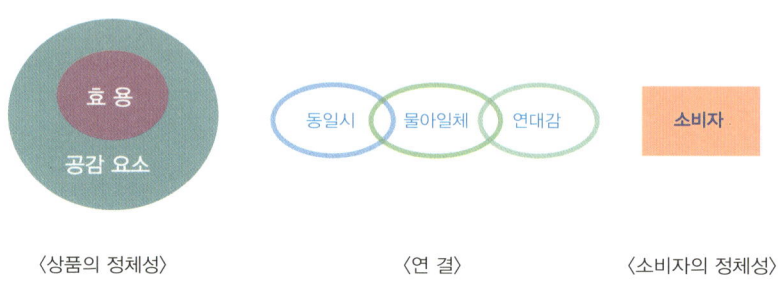

• 내러티브 마케팅 •

⟨상품의 정체성⟩　　　⟨연 결⟩　　　⟨소비자의 정체성⟩

감적 요소, 즉 상품의 내력 · 분위기 · 가치 · 지향 · 메시지 등으로 표현되며, 소비자는 상품과 자신을 동일시하는 과정을 통해 연대감을 갖고 상품의 공감적 요소를 구매한다. 상품은 소비자와 동일체이고, 따라서 성능 · 기능 · 편의성 · 가성비 등에서 상대적 우위를 갖지 않더라도 다른 상품으로 대체되지 않기 때문에 상품에 대한 소비자의 충성도는 매우 높다.

---

1. 네이버 영화사전, "내러티브", https://terms.naver.com/entry.nhn?docId=348872&cid=42617&categoryId=42617 (2020. 2. 20)
2. 네이버 문학비평용어사전, "스토리텔링", https://terms.naver.com/entry.nhn?docId=1530368&cid=60657&categoryId=60657 (2020. 2. 20)

3부
마케팅의 방식, 다섯 가지

"내러티브 마케팅"에 대한 실질적 이해는 다른 마케팅 방식과의 비교를 통해 잘 이루어질 것이다. 먼저 마케팅의 방식에는 다섯 가지가 있다고 볼 수 있다. 일반 마케팅, 감성 마케팅, 감각 마케팅, 스토리텔링 마케팅, 내러티브 마케팅이 그것이다. 일단 기능·성능·편의성·가성비 등 제품 자체의 질적인 부분을 강조하는 일반 마케팅의 사례는 소개하지 않기로 한다. 사실 이러한 방식은 마케팅이라고 칭하기도 안타깝거니와 딱히 어느 사례를 특정 한다는 것도 너무 가혹한 일이기 때문이다.

사례 1: 박카스

〈박카스〉 광고: "엄마라는 경력은 왜 스펙 한 줄 되지 않는 걸까?"

나와 우리와 시대를 되돌아보게 하는 박카스 캠페인은 사회적 현상이나 이슈를 반영한 광고를 제작해 오고 있다. 일례로 2018년도에 나온 "엄마"편은 출산과 육아로 인한 여성의 경력 단절을 소재로 한다. 자신의 사회적 목표를 잠시 접어 두고 육아에 전념하며 힘을 내는 엄마에게 박카스는 격려가 되는 힘으로 그려지고 있다. 이를 통해 이 땅의 엄마들에게 응원을 보냄과 동시에, "일과 가정"이 병행인지 양립인지에 대한 시대적 화두에 공감을 이끌어내고자 했다. 이 외에도 종점에 도착한 줄도 모르고 정신없이 자고 있는 학생에게 박카스를 건네며 위로하는 버스기사라든지, 어린 딸과 제대로 놀아주지 못할 정도로 바쁜 야근 아빠에게 힘이 되어주는 박카스의 모습을 담아 소비자들의 공감을 샀다. 박카스 광고는 우리에게 친숙한 이들의 일상적 상황을 보여줌으로써 소비자에게 감정적으로 호소하여 구매를 유도하는 이른바 감성소구(感性訴求)형 마케팅의 대명사이다. 박카스가 위로가 되어주는 느낌을 전달함으로써 공감대를 형성하려 한 것이다.

사례 2: 베네통

베네통은 1984년 이래 당대의 광고 원칙에 완전히 위배되는 기이한 광고를 시도해왔다. 그 내용은 보는 사람으로 하여금 신선한 충격을 주는 것을 넘어서서 다소 민망하거나 불편하거나 때로는 불쾌감까지 전달하는, 이른바 "베네통의 광고형식"이라는 새로운 지평을 여는 것이었다. 마땅히 독신으로 살아가야 할 수녀가 남성, 그것도 신부와 키스를 하는 장면, 백인·흑인·황인이라는 꼬리표가 붙어있는 적나라한 사람의 심장, 천사의 모습을 한 백인 아이와 악마의 뿔을 달고 있는 흑인 아이가 서로를 안고 있는 모습 등은 몇 십 년이 지난 지금 봐도 여전히 충격적인 이미지이다. 결과적으로 베네통은 잊히지 않는 의류브랜드로 자리 잡았다. 여러 사회문제에 대한 베네통의 분명한 인식과 일관된 주장은, 사람들로 하여금 베네통의 의류를 구매하는 행위가 베네통의 이의제기에 동감한다는 메시지의 표현과 등치된다는 점을 인식케 하려는 시도였다. 그럼으로써 베네통의 옷은 윤리적 미덕과 사회 구성원으로서의 참여의식을 환기시키는 아이콘이 되도록 하였는데, 이 역시 베네통의 옷 한 벌 입는 것이 보다 도시적으로 자신이 깨어있는 시민임을 내보이게끔 하는 유용한 수단이 되기를 기도한 것이다. 이는 불편함·민망함·거북함·역겨움 등의 감정을 불러일으키는 도발적 형식으로써 부정적 반응을 야기해 기억을 유도하려는 마케팅 방식이다.

〈BENETTON〉 광고: "Priest And Nun"

사례 3: 맥도날드

〈멕도날드〉: "그들은 우리 편이예요"

1991년 3월 과속운전 혐의로 체포된 로드니 킹이 4명의 백인경찰에게 무차별적으로 구타당하는 영상이 뉴스에 방송되었다. 흑인들이 분개하는 가운데, 1년 후 1992년 4월 29일 전국적인 관심 아래 열린 재판에서 12명의 배심원은 구속된 경찰관들에게 무죄평결을 내렸다. 이 판결에 분개한 흑인사회가 폭발, 시위로 번졌고 급기야는 폭동으로 비화되었다. 5월 4일 완전히 진정될 때까지 50여 명이 사망했으며, 4,000여 명이 부상당했다. 그런데 아비규환과 같았던 이 LA폭동에서 불타지 않은 건물이 있었으니, 바로 맥도날드 매장이었다.

그 이유는 무엇이었을까? "그들은 우리 편이에요." 그간 맥도날드는 농구를 하고 싶은 흑인 청소년들에게 농구장을 지어줬고, 일자리를 잃고

거리를 떠돌던 흑인 부랑자들에게 매일 아침 수백 잔의 커피를 나눠줬다. 맥도날드의 창업자인 레이 크록이 늘 강조해오던, 기업이 사회로부터 얻은 것의 일부는 다시 사회로 환원해야 한다는 경영철학을 실천한 것인데, 그것이 가식이 아니라 진짜였음이 입증된 것이다.

사례 4: 샤넬 N°5

여류 디자이너 한 명이 1921년에 최초로 자기만의 향수를 만들어 고급스런 향수업계에 혁명을 일으킨다. 코코 샤넬이 추구한 것은 "여성의 향기가 나는 여성의 향수." 그녀는, 여자는 사랑을 받고 싶은 곳에 향수를 뿌려야 한다고 했다. N°5는 한 가지 꽃향기만으로 향수를 만들던 당시의 관습을 깨뜨렸다. "N°5"라는 이 식별번호는 당시의 감상적인 이름을 가진 다른 향수들을 역설적으로 촌스럽게 만들었다. 용기 모양은 실험실용 형태의 병으로 출시된다. 단순하고 순수하며 엄격한 N°5 용기의 미니멀한 선들은 1920년대의 화려한 병들과 차별화된다. 이 심플함은 시간을 초월한다. N°5는 20세기의 아이콘이 되었다. 파리가 해방되던 날 미군들은 깡봉가의 샤넬 부띠끄로 몰려와 줄을 서서 N°5 향수를 구매하여 아내와 애인에게 선물했다. 미국으로 일본으로 N°5의 명성이 퍼져나가며 순식간에 세계적인 베스트셀러 향수가 된다. N°5는 유명 영화감독이 연출하고 까트린느 드뇌브, 니콜 키드먼, 오드리 토투, … 그리고 심지어 브래드 피트까지 세기의 가장 핫한 배우들을 내세운 작품성 있는 광고들을 통해 부와

inside.chanel.com

Marilyn + N°5"의 조합: "Just a few drops of Chanel N°5."

　가치의 상징으로서 N°5 향수의 고급스러움을 표현한다.
　하지만 N°5가 확실하게 전설이 된 것은 마릴린 먼로가 최고의 스타덤에 오른 1952년의 한 인터뷰때문이다. "당신은 잠자리에서 어떤 종류의 파자마를 입나요?" 한 기자의 이 짓궂은 질문에 그녀는 다음과 같이 대답했다. "Just a few drops of Chanel N°5." 1921년에 탄생한 향수가 오늘도 세계에서 베스트셀러이며 가장 유명한 향수이다. N°5는 유행의 변화와 시간의 흐름에 영향을 받지 않는다.

마케팅 방식 비교

　이상 네 가지 제품의 사례를 살펴보았다. 첫 번째 박카스 광고의 사례는 감성 마케팅의 경우이다. 앞서 언급한 대로, 우선 일반 마케팅은 기능·성능·편의성·가성비 등 제품의 장점을 설명하고 강조한다. 감성 마케팅은 여기서 진로를 달리 하여 제품 외적인 메시지를 제시함으로써 소비자로 하여금 해당 제품을 소통의 매개이자 자신을 표현하는 수단으로 삼게 한다. 두 번째의 베네통 광고는 감각 마케팅의 사례이다. 우정이나 사랑 등의 긍정적 반응을 통해 기억을 유도하는 감성 마케팅 방식과 달리, 감각 마케팅은 다분히 감정 학대적이자 폭력적 도발의 방식으로 먼저 부정적 반응을 불러일으킨 다음 흥분이 진정된 이후 재인식과 재평가를 하게끔 유도하는 전략을 구사한다. 세 번째 맥도날드 사례는 스토리텔링 마케팅의 경우이다. 물론 마케팅을 위한 작위는 아니었으나 궁극적으로 LA폭동이 낳은 뒷이야기가 드라마틱하게 맥도날드의 핵심 가치를 전달하고 있고 기업이 가야할 길이라는 교훈을 제시한다. 중요한 것은 이 내용이 실화였다는 데 있다. 스토리텔링 마케팅은 실제 경험을 바탕으로 하지 않으면 아무 효력이 없게 된다. 논리적이고 체계적인 설명과 소개만 제시한 것이 아니라, 이성과 감성을 동시에 자극하는 이야기를 제시함으로써 고객의 관심을 제품이 아닌 브랜드로 이전시키는 효력이 발휘된 사례이다. 이 효력을 이끌어내기 위해 제품 관계자는 자신의 제품이 가진 차별성이 어떤 건지, 회사의 비전이나 가치는 무엇인지, 등장인물·세부묘사·결말·교훈 등 스토리 구성은 어떻게 할 것인지 등에 대한 고민과 노력을 통해 스토리텔링 마케팅을 제작한다.

마지막 네 번째 샤넬 N°5 향수는 내러티브 마케팅의 사례에 해당한다. N°5는 향수라는 제품 자체의 질적인 부분에 대해 역설한 적이 없다. 향수의 원료가 타 제품보다 우수하거나 희귀하다는 등의 특별함도 주장하지 않고, 가격적인 면의 매력도 강조한 바가 없으며, 향의 탁월함이 다른 모든 향수를 압도한다는 계량적 증거도 내세운 적이 없다. 그런데도 단순하고 투박한 제품의 이름과 용기모양은 역설적으로 고급스러움의 상징이 되었고, 여자라면 누구나 하나씩은 갖고 싶게 만드는 소장품이 되었다. 생필품이었다면 이런 드라마가 써지지 않았을 것이다. 이 사치를 이끌어낸 것은 세계가 주목하는 한 여배우의 치기어린 자부심이었다. "저요? 전 N°5라는 잠옷을 입고 자요." 아무나 내놓을 수 있는 도발이 아니다. 이로써 마릴린 먼로와 N°5는 동일체가 되었다. 이 "마릴린 먼로 + N°5"의 조합에 대해, 남자는 마릴린 먼로를 응시하고 여자는 N°5를 주시한다. 이 미학적 충격이 여전히 N°5의 영원성을 이끌고 있다. 2021년이 N°5 탄생 100주년이다.

감성 마케팅이나 감각 마케팅에도 가슴을 찡하게 만들거나 쇼킹한 장면으로써 순간적인 사고 정지의 상태를 야기하는 등 "충격"의 요소는 분명 있다. 하지만 그것들은 대체로 일회성에 그치거나 애정 혹은 존경의 진심을 이끌어내지는 못한다. 이것이 한계다. 스토리텔링 마케팅은 단순한 소비 행위에 스토리를 입혀 해당 재화 혹은 서비스가 소비자에게 특별한 경험을 제공하도록 보이게끔 포장하는 것이다. 스토리텔링은 감동적이면서도 완성도 높은 스토리를 내놓는다. 하지만 대개 미학적 압점이 없기에 직각성과 지속성을 고착시키는데 실패한다. 스펙 때문에 제품을 사는 시대는 지났다. 이제 구매의 이유는 니즈가 아니라 정당성이다. 이 정당성은, 내가 그 제품을 소유할 만 하다는 자부심이다. 내러티브 마케팅은 직접 말하지 않는다. 소비자들이 스스로 떠올리게 한다. 내러티브 마케팅은 다만 이미지를 만들고 소비자들로 하여금 그 이미지를 소비하도록 유도한다. 제품이나 브랜드의 이미지가 곧 그것을 구매한 소비자의 이미지가 될 것이라는 착각 또는 확신을 줌으로써 소비를 촉진시키는 것이다. 여기서 주의할 점은, 내러티브 마케팅은 이미지만으로 승부를 내는 것이 아니라는 것이다. 구매자는 그저 내러티브라는 이미지의 잔상(殘像)에 미혹돼 영혼 없이 좌지우지되는 가엾은 소비자가 아니다. 내러티브 마케팅은 제품이 최상의 질을 담보할 때만이 성립가능하다. 포장 내면의 질이 확립되어 있지 않으면 언제고 무너질 수밖에 없다.

• 마케팅 간 성격 비교 •

일반 마케팅	제품의 장점, 즉, 기능·성능·편의성·가성비를 강조함
감성 마케팅	제품 외적인 메시지를 제시함으로써 소통의 매개이자 자신을 표현하는 수단으로 삼게 함
감각 마케팅	불편·민망·거북 등의 감정을 유발하는 도발적 형식으로 부정적 반응을 불러일으킨 후 기억을 유도함
스토리텔링 마케팅	이성과 감성을 동시에 자극하는 이야기를 제시함으로써 고객의 관심을 제품이 아닌 브랜드로 이전시킴
네러티브 마케팅	미학적 충격을 통해 브랜드를 직각적, 지속적으로 상기시키게 함

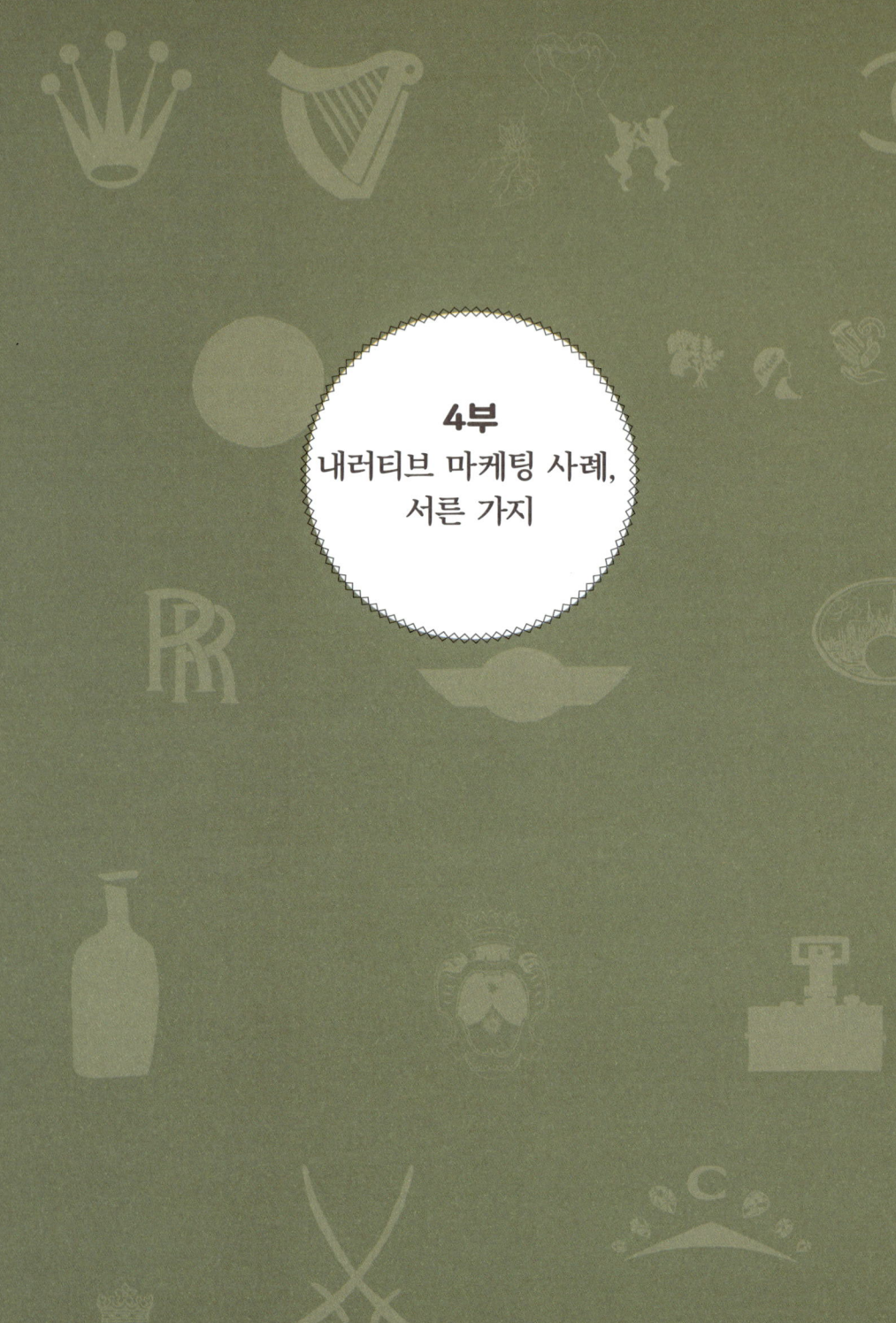

4부
내러티브 마케팅 사례,
서른 가지

이제 내러티브 마케팅의 실제 사례를 살펴볼 것이다. 모두 30가지의 사례를 추려보았다. 이 상품 혹은 브랜드들은 내러티브라는 요소에 의해 마케팅에 성공했고, 뇌리에 각인된 각기 고유한 내러티브를 통해 소비자의 구매동기를 지배해오고 있다. 이러한 성취와 유지의 비결이 무엇인지 "내러티브"라는 키워드로써 들여다보고자 한다.

여기 소개하는 사례들은 소위 명품이라 불리는 것들이 많지만, 전체로 보면 1,000원대에서 7억 원대에 이르는 가격 범위를 아우른다. 물론 주얼리의 경우 특별제작 등의 상품일 경우 정가를 책정할 수 없을 수도 있다. 업종별로 보면 이 브랜드들은 크게 "생활·잡화·럭셔리"의 세 분야로 집약된다. 구체적인 리스트는 다음 쪽의 표1과 같다.

한편, 이 브랜드들을 단순 소개하는 것이 아니라 그것들이 갖추고 있는 내러티브 요소를 체계적으로 분석하기 위해 그 특성을 10가지로 정리하였다. 이 특성을 많이 갖출수록 공고한 내러티브 마케팅이 성사된다. 이 특성은 또한 구체적인 토대 혹은 근거로부터 만들어진다. 각 특성의 대표적인 하위 인자는 아래 표2와 같다.

이 표에 열거한 10가지 내러티브 인자는 다시 "역량·가치·배려·우연"이라는 네 가지 상위 항목으로 묶을 수 있다. 이 네 항목은 "내러티브 4대 지표(Four Narrative Indices)"라 부를 수 있는데, 궁극적으로 이들이 성공한 브랜드의 결정 요인이라 할 것이다. 이를 표로 정리하면 아래 표3과 같다.

앞서 〈신데렐라〉가 역사적으로 마케팅에 성공해왔던 것이 요술봉과 유리구두라는 미학적 임팩트에 기인하는 것이라 한 바 있다. 내러티브 마케팅에서 성취를 보인 브랜드들의 비장의 무기가 바로 미학적 임팩트이다. 직관적으로 그 브랜드를 인지하고 연상할 수 있는 요소가 미학적 임팩트이다. 내러티브는 결국 그러한 미학적 임팩트 때문에 만들어지는 것이다. 앞으로 소개할 브랜드들에서 다양한 미학적 임팩트를 발견할 수 있을 것이다.

• 업종 분류 및 해당 브랜드 •

표1

대분류	소분류	브랜드
생활	음료	기네스, 블루 보틀 커피, 샴페인, 에비앙, 트와이닝
	미용	러쉬, 록시땅, 산타 마리아 노벨라, 이솝
	의류	캐나다 구스, 파타고니아
	가방	리모와, 프라이탁
	도자기	마이센, 웨지우드
	종합가구	이케아
잡화	문구	몰스킨
	필기구	몽블랑
	장난감	레고
럭셔리	토탈 패션	버버리, 샤넬, 에르메스
	자동차	롤스로이스, 미니, 할리데이비슨
	주얼리	쇼메, 티파니
	시계	롤렉스
	카메라	라이카
	호텔	리츠 파리 호텔

표2
•10가지 내러티브 인자 Ten Narrative Factors•

내러티브 인자	하위 내러티브 요소
품질	장인정신, 정밀, 견고, 세련, 호화
차별성	최초, 비주얼 아이덴티티, 개성, 희소성, 초고가
정체성	고유의 본질, 본연의 원칙
진정성	동일성, 일관성, 지속성
품격	전통성, 상징성, 정통성
철학	자연주의, 미니멀리즘, 업사이클링, 사회변혁, 기업윤리
사회공헌	환경보호, 공정무역, 사회 환원, 공동체 협력
이야기	연고, 유래, 에피소드
셀럽	자발적 기여, 공조(共助)효과
팬덤	대중적 공감, 수집 성향, 연대의식

 이하 30가지 브랜드 사례에는 각각의 내용 소개 말미에 해당 "내러티브 인자(Narrative Factors: NFs)"와 그 내러티브 인자를 만들어낸 구체적인 "임팩트 포인트(Impact Points: IPs)"를 게시하도록 한다. 여기서 미학적 충격을 상위 개념과 하위 개념으로 구분할 수 있다. 10개의 포괄적 "내

표3

• 내러티브 4대 지표와 10가지 인자 •

내러티브 4대 지표(4 NIs)	10가지 내러티브 인자(10 NFs)
역량	품질, 차별성
가치	정체성, 진정성, 품격, 철학
배려	사회공헌
우연	이야기, 셀럽, 팬덤

러티브 인자"가 상위 개념의 미학적 임팩트라면, 구체적 개별 사례로서의 임팩트 포인트는 하위 개념의 미학적 임팩트에 해당한다. 하나하나의 브랜드가 구체적으로 어떠한 미학적 임팩트와 내러티브 요소를 축적, 내재하고 있는 지를 간명하게 확인할 수 있을 것이다. 그리고 마지막 장에서는 "성공한 브랜드 30"의 각각 내러티브 지수를 수치화하여 평가함으로써 내러티브 마케팅 구상과 제작에 참조, 활용토록 할 것이다.

1. 기네스 GUINNESS

"부드러운 거품의 완벽한 한 잔이 완성되는 시간, 119.5초의 미학"

guinness.com

에일(Ale) 계열의 스타우트(Stout: 강한 도수)가 대표적인 아일랜드 맥주는 초콜릿 색깔·과일과 커피 맛·부드러운 거품을 특징으로 한다. 이 아일랜드 스타우트 맥주가 바로 기네스(Guinness)에 의해 대중화된 흑맥주이다.

아일랜드의 상징이 된 기네스 맥주는 아서 기네스(Arthur Guinness: 1725~1803)에 의해 시작됐다. 아서 기네스는 1759년 12월 31일 세인트 제임스 게이트(St. James's Gate)의 작고 설비도 엉망인 채 사용 중단된 양조공장을 1년에 45파운드씩 9,000년 동안 임차한다는 계약을 맺고 에일 양조를 시작했다. 2020년을 기준으로 아직 8,739년의 임차기간이 남아있다. 부둣가의 다 쓰러져가는 공장에서 기네스의 역사를 본격적으로 개시한 아서 기네스는, 선대(先代)의 맥주 레시피에 사업적 통찰력을 더해 기

guinness.com

아서 기네스

네스의 명성을 쌓아갔다.

    기네스는 놀라운 속도로 성장했다. 1769년 영국에 기네스 맥주를 첫 수출했으며, 1811년 포르투갈의 리스본에, 1840년 미국 뉴욕에, 그리고 1858년에는 뉴질랜드에 맥주를 수출하는 등 전 세계로 영역을 넓혀갔다. 1862년엔 기네스의 가장 뛰어난 마케팅 전략 중 하나로 평가받는 상표 레이블이 도입되었다. 이 레이블은 아서의 서명, 기네스의 대표적인 하프 문양, 그리고 전 세계로 알려진 기네스 로고의 3요소로 구성되어 있다. 아일랜드 전 국민에게 존경받는 국가의 상징이자 디자인 자체로도 매력적인 아일랜드 하프 문양은 기네스의 상징이 되었다. 1876년에 하프는 트레이드마크로 등록되었다.

1862년의 레이블

　이후 후손들의 노력으로 기네스는 질적, 양적 성장을 동시에 이룬다. 1868년엔 양조공장의 규모를 두 배로 키웠다. 새롭게 개선된 세인트 제임스 게이트의 양조공장은 전용 철도 시스템, 통 제조 시설, 엘리베이터, 제분소 등의 설비 뿐 아니라 직원을 위한 의료 부서, 소방서 및 구내식당을 갖추어, 사람들은 이를 "도시 안의 또 다른 도시"라고 부를 정도였다.

　세계 50여 개국에 양조장을 두고 있으며 150여 개국에 수출하는 기네스에서, 가장 기본적으로 충실해야 하는 것은 당연히 맥주의 맛이다. 일찍이 업계 최초로 수학자를 고용해 제품 관리를 했을 정도다. 가장 유명한 사람은 1899년 기네스에 입사한 윌리엄 고셋(William S. Gosset: 1876~1937)이다. 그는 최고의 맛을 내는 효모 투입량을 알아내기 위한 수학적 기법들을 개발해냈다.

guinness.com

기네스의 라인업 ①Draught ②Original ③Foreign Extra Stout ④Dublin Porter ⑤West IndiesPorter ⑥Golden Ale ⑦Hop House 13 Lager ⑧Blonde American Lager ⑨Special Export ⑩Nitro IPA

기네스의 출발은 특유의 짙은 색으로 볶아진 보리이다. 섬세하고 정확한 로스팅 과정이 기네스 스타우트 특유의 풍부한 맛과 루비 빛 짙은 붉은색을 내게 한다. 조금이라도 온도가 낮게 되면 그만큼 풍미가 덜하며, 조금이라도 온도가 높으면 보리가 타버리고 만다.

"화씨 232도. 이것이 바로 보리가 흑색 완전체로 재탄생하는 온도입니다. 기네스가 기네스만의 맛을 완성하는 온도죠." guinness.com

한편 드래프트 맥주에 생기를 불어넣는 획기적 도구는 질소인데, 이는 기네스만의 특징인 솟구쳤다가 다시 가라앉는 효과와 그로 인해 완성되는 크리미 헤드를 만든다. 특별히 "헤드 높이 테스트"까지 거치며 각 파인트(pint) 잔마다 올바른 수의 거품이 형성되는 지까지도 꼼꼼히 확인한다. 이상적인 거품의 수는 대략 3백만 개라고 한다.

이 부드러운 거품은 기네스 맥주의 정체성을 말해주는 중요한 요소이다. 이 거품은 질소 75%와 이산화탄소 25%로 이루어지는데, 1988년에 캔으로 마실 때도 이 거품을 즐길 수 있도록 "위젯(widget)"이 개발된다. 위젯은 질소가 담긴 플라스틱 공이다. 캔을 딸 때 압력차로 공 안의 질소 가스가 뿜어져 나옴으로써 기네스 특유의 거품을 만들어낸다. 캔을 딴 후 천천히 몇 개의 과정을 거쳐 따르면 119.5초 후 드래프트 맥주 그대로의 거품 맛을 누릴 수 있다. 1991년 위젯은 여왕상(Queen's Award)을 받았고, 2003년엔 인터넷을 누르고 영국인이 뽑은 지난 40년 동안 최고의 발명품으로 선정되기도 했다.

기네스는 맥주 본연의 맛 이외에도 여러 요소들에 의해 명성이 쌓아 올려졌다. 그 중 가장 잘 알려진 것이 "기네스북(Guinnes Book of Records)"이다. 북아일랜드 기네스 백작의 4대손이며 기네스 양조회사의 사장이었던 휴 비버(Hugh Beaver: 1890~1967) 경(卿)은 1951년 한 모임에서 사냥에 가장 빠른 새가 무언가를 놓고 언쟁을 벌이게 되었다. 그는 많은 참고서적들을 찾아보았으나 알맞은 자료를 찾을 수 없었다. 1954년, 집이나 클럽에서 거론될 만한 잡담의 통계 자료를 얻기 위해 휴 비버 경은 기록확인 전문가인 맥휘터 형제(Norris and Ross McWhirter)를 초빙하여 희한한 기록들을 모은 책의 편집을 의뢰했다. 이렇게 해서 나온 기네스북은 다음 해 영국 베스트셀러 1위에 올랐다. 현재는 기네스와 분리된 사업이 됐지만, 기네스북의 존재는 많은 이에게 깊은 인상을 남겼다.

1959년에는 맥주병 투척이라는 특별한 이벤트를 진행하였다. 6주간에 걸쳐 38척의 다른 배에서 몇 개의 색다른 문서를 넣은 15만 개의 병을

킹 넵튠의 인증서　　　guinness.com

대서양에 던졌다. 200주년을 맞아 아서 기네스에게 경의를 표하기 위한 행사였다. 병 안에는 킹 넵튠(King Neptune) 왕실의 화려한 인증서·기네스 이야기 소개책자·황금색의 특별한 기네스 스타우트 레이블·병을 테이블 램프로 바꾸는 방법에 대한 설명 등이 들었다. 전 세계를 항해하는 병은 60년이 지난 후에도 발견된다 한다.

　한편, 기네스 가문은 막대한 부를 공공의 이익으로 꾸준히 환원시켜 왔다. 기네스는 다양한 계획과 "아서 기네스 프로젝트" 기금 모음 활동 등으로 사회공헌에 나선다. 맥주는 90%가 물로 이루어져 있기에 물에 대한 관심도 특별하다. 많은 노력 끝에 생산과정에서 60억 리터의 물을 절약하는가 하면, 2007년부터 아프리카 대륙에 생명의 물 프로그램도 시작했다. 또 용감한 이들을 지원해온 기업으로서 미국의 리어리 소방관 재단을 후원하기도 한다. 한편 직원 복지에도 기네스는 각별히 애쓴다. 기네스의 전통에는 나눔의 역사가 있다. 아일랜드 최초로 직원 미망인에게도 연금을 지급했고, 1870년엔 진료소를 열어 직원들로 하여금 무료진료를 받게 했다. 1872년엔 직원들을 위한 임대 주택을 지었고, 런던과 더블린의 가난한 사람들에게 주택을 공급하기 위해 1890년 기네스 신탁이 창립되었다. 지금도 직원을 위해 각종 특전과 복지를 제공한다. 그들은 세계인들이 가장 좋아하는 맥주를 만드는 비결이 직원들의 단결에 있다고 자부한다.

흑맥주 장르에서의 독보적 기술과 품질, 창업정신을 계승하면서도 끊임없이 당시대와 호흡하려는 노력, 물과 보리가 주재료인 만큼 농부와의 협력관계 및 환경개선을 위한 사회공헌. 이러한 내러티브들이 맥주 브랜드 기네스를 국가적 상징의 차원으로까지 드높인 동력이다.

NFs: 품질, 차별성, 정체성, 품격, 사회공헌, 이야기
IPs: 아일랜드 하프 문양, 위젯, 기네스북, 맥주병 투척

- NFs: Narrative Factors, 내러티브 인자
- IPs: Impact Points, 임팩트 포인트

2. 라이카 Leica

"내 안에 나를 밖으로 몰아내는 무언가가 있다."

leica.com

　카메라는 개인의 기억에 남을 중요한 순간과 역사의 기록에 남을 결정적 순간을 포착하여 사진이라는 실증으로 만들어놓는 기기이다. 1914년 이전엔 육중한 장비를 동원한 촬영과 번거로운 과정을 거친 인화를 통해 사진이 만들어졌다. 그 해, 간편하게 휴대할 수 있는 소형 카메라가 세상에 나왔다. 소형, 경량, 투박한 외형, 궁극의 렌즈, 초고가(超高價), 독일산(Made in Germany). 카메라 사용자들 사이에 언젠간 꼭 한 번 써보고 싶은 꿈의 카메라, "라이카(Leica)"의 키워드들이다.

　라이카의 역사는 1849년부터 시작된다. 독일인 기업가 칼 켈르너(Carl Kellner: 1826~1855)가 현미경과 망원경을 생산하던 회사를 설립했었는데 에른스트 라이츠 1세(Ernst Leitz Ⅰ: 1843~1929)가 1869년 인수한 다음 사업 영역을 넓혀갔고, 확장된 라이츠의 사업은 카메라 제작에까

Julius Huisgen이 1934년에 촬영한 작업실의 Oskar Barnack

지 다다랐다. "Leica"라는 브랜드명 자체가 "라이츠의 카메라(Leitz+Camera)"이다. 소형이자 경량 카메라의 시작을 연 최초의 카메라는 35mm 필름 카메라였다. 직원이자 기계공학자였던 오스카르 바르낙(Oskar Barnack: 1879~1936)은 1914년 3월, 35mm 영화용 필름을 사용한 스틸 컷 카메라를 발명했다. "우르-라이카(UR-Leica)"라 불린 이 최초의 카메라는 사진계의 혁명이었다. 바르낙과 더불어 라이카의 토대를 다진 또 한 사람은 광학기술자인 맥스 베레크(Max Berek: 1886~1949)이다. 초기 라이카 렌즈는 대부분 그가 설계했다.

우르-라이카 이후 1954년에 라이카 역사상 가장 훌륭한 카메라로 알려진 M3가 등장했다. 0.92배의 시원하고 커다란 파인더, 편리해진 셔터

"Eisenmarkt, Wetzlar, Germany"
바르낙이 1913년 우르-라이카로 시험 촬영한 첫 사진
leica.com

속도조절 다이얼과 렌즈 교환, 정숙하고 부드러운 작동감 등 당시 기준으로는 너무나 진보된 카메라였던 M3는 출시 후 3년간 10만대 이상 판매되는 대기록을 세웠다. 생산된 지 60년 이상이 됐지만 아직도 M3를 사용하는 사진가들이 많다. 라이카 M3의 놀라운 성능을 따라잡기 위해 당시 일본의 기술자들이 분해해서 구조를 보려 했으나 분해에 실패했다는 전설적인 이야기가 있다. 그런데 아이러니하게도 RF 카메라인 M3의 성능을 따라잡기 어렵겠다고 판단한 일본 업체가 결국 RF 방식을 포기하고 SLR

•초기의 라이카 카메라•

Ur-Leica (1914)　　Leica I (1925)　　Leica II (1932)　　Leica M3(1954)

❖ RF(Range Finder, 거리계 연동식) 카메라: 파인더와 거리계(距離計)를 연동시켜 파인더로 피사체를 확인하면서 초점을 맞추는 카메라이다. 독립된 뷰파인더를 사용하므로 피사체를 더 자세히 인식할 수 있다.
❖ SLR(Single Lens Reflex, 일안〈一眼〉리플렉스) 카메라: 렌즈를 통해 들어온 이미지를 렌즈 뒤에 설치된 45도 기울기를 가진 거울로 방향을 90도 바꾸고 이를 다시 필름면과 같은 거리에 있는 포커싱 스크린에 반사시켜 상을 맺게 한 파인더를 가진 카메라를 말한다. 촬영자가 파인더를 통해 보는 대상과 렌즈를 통해 들어오는 대상이 일치한다.

방식으로 방향을 바꿨고, 오히려 1970년대 이래 일본제 SLR 카메라가 세계 시장을 장악하게 되었다. 너무나도 뛰어났던 M3 때문에 도리어 카메라 종주국이 일본으로 넘어가게 되었던 것이다.

하지만 그렇다고 일본산(産) 카메라가 라이카를 넘어선 것은 아니다. 기계 분야의 공산품에서 독일 제품에 대한 신뢰도는 세계에서 가장 높다. 라이카는 최상의 독일 엔지니어링 테크놀로지를 뜻한다. 라이카의 모든 제품은 철저한 장인정신을 바탕으로 한 독일 기술로 만든다. 특히 렌즈는 극도로 정밀한 수공업의 결과물이다. 상상 초월의 세밀한 공정과 40단계 이상의 엄격한 테스트를 거쳐 세상에 나온다. 웬만한 라이카 카메라의 가격은 몇 천만 원 하는데, 독일산(産)인데다 수작업에 의한 카메라라는 점 자체가 라이카의 높은 가격을 납득하게 해 준다.

" 'Made in Germany'가 모든 것을 상징합니다. 장인이 모든 공정에 관여하는 수작업이 우리의 전통이기 때문에 자동화는 하지 않습니다. 라이카는 소량의 고가 카메라 시장에 집중합니다. 대량생산의 필요성을 느끼지 않습니다." leica.com

카메라의 세계에서 당연하게 여겨지는 각종 기능의 원조를 따져 보면 대개 라이카로 귀결된다. 단단한 구성과 미니멀한 디자인 역시 사진계에선 최고로 꼽힌다. 라이카는 자연스레 클래식과 원형을 떠올리게 한다. 필름 대신 메모리에 피사체를 담는 디지털카메라 시대가 열린 지 꽤 됐다. 하지만 여전히 필름카메라로 사진을 찍는 사람들은 있다. 투박하고 촌스럽고 번거롭고 더듬거리는 것이 그리운 것이다. 디지털카메라에서 익숙하게 보아온 모니터나 배터리는 없다. 여기선 오직 수동으로 셔터스피드와 조리개의 배합을 조율해야 한다. 이제 디지털 속 아날로그의 향수를 위해 기댈 곳은 라이카뿐이다. 주문을 통해서만 구매가 가능하고 6개월의 기다림을 감수해야 하지만 현재도 라이카는 필름카메라를 생산한다. 다만 비싸다. 수작업 소량생산인데다 빼어난 수동초점렌즈를 갖췄고 극강의 내구성과 어찌할 수 없는 사진품질 때문이라니 딱히 할 말은 없다.

유명한 사진가들이 전설적인 사진을 찍을 때마다 라이카 카메라를 이용했다. 로버트 카파(Robert Capa)가 스페인 내전 당시 촬영한 "총 맞는 병사(Death of a Loyalist Soldier, 1936)", 앨프리드 아이젠스타트

(Alfred Eisenstaedt)가 1945년 전승기념일에 뉴욕 타임스스퀘어에서 촬영한 "전승기념일(V-J DAY Kiss)", 알베르토 코르다(Alberto Korda)가 촬영한 쿠바 혁명가 "체 게바라(Che Guevara, 1960)", 닉 우트(Nick Út)가 베트남전쟁에서 촬영해 퓰리처상을 받은 "어린 소녀의 사진(Napalm attack in Vietnam, 1972)" 등 역사적 명장면들이 모두 라이카로 포착되었다. 특히 라이카는 찰나의 미학으로 유명한 앙리 카르티에 브레송(Henri Cartier-Bresson: 1908~2004)이 『결정적 순간』(1954)을 만들 때 함께 한 카메라로 신화적인 명성을 얻었다. 명품과 셀럽이 함께 전설을 만든 것이다.

명품에는 또한 차별성이 있다. 라이카 본사에는 자신들의 모든 카메

leica.com

Henri Cartier-Bresson, "생 라자르역에서"(1932)   Alfred Eisenstaedt, "전승기념일"(1945)   Dennis Stock, "타임스스퀘어의 제임스 딘"(1955)

라를 수리할 수 있는 기술과 부품이 있다. 나온 지 70년 다 된 M3도 고쳐 준다. 또 카메라회사로서는 흔치 않게 전용매장을 운영한다. 라이카는 다양한 스페셜 에디션으로도 유명하다. 전 세계 250대 한정의 "라이카 M10 자가토(Zagato) 에디션", 전 세계 125대 한정의 "라이카 M 모노크롬 스텔스 에디션", 전 세계 300대 한정의 "라이카 M9-P 에르메스 에디션" 등 한정판을 지속적으로 내놓으며 전 세계 마니아들의 수집 욕구를 자극한다.

카메라업체답게 라이카는 사진상(賞)을 제정해 사진계의 발전에 기여한다. 라이카 카메라를 고안한 바르낙의 업적을 기리는 뜻에서 탄생 100주년을 기념해 1979년부터 "오스카르 바르낙상"을 수여해왔다. 고품질의 보도사진으로 존경받는 이에게 시상하는 국제상이다. 또한 뛰어난 사진작가들을 기리기 위한 "라이카 명예의 전당 상"도 운영한다. 이 상은 라이카 브랜드와 사진 장르에 탁월한 서비스를 제공한 사진작가에게 수여된다.

장인정신에 의한 독일 기술 · 수작업 소량생산 · 미니멀한 디자인과 최고 수준의 렌즈 · 내구성과 사진품질 · 셀럽과 한정판 등이 지금 우리가 알고 있는 라이카의 내러티브들이다.

NFs: 품질, 차별성, 정체성, 진정성, 품격, 사회공헌, 셀럽, 팬덤
IPs: M3, 미니멀 디자인, RF 방식의 필름카메라, Made in Germany

3. 러쉬 LUSH

"우리는 신선함이란 단어가 정직을 의미한다고 믿는다."

신선한 수제(手製) 화장용품 러쉬(LUSH)는 1995년 영국에서 탄생했다. 과일, 채소, 에센셜 오일(Essential Oil) 등 자연 성분을 주원료로 하는 러쉬의 제품은 화려한 색채와 강렬한 향기를 특징으로 한다.

매장은 영국 재래시장의 과일가게를 닮았다. 맹렬한 향기에 이끌려 매장 안으로 들어서면 알록달록하면서도 꺼끌꺼끌한 비누와 입욕제 등이 포장되지 않은 채 날것 그대로 쌓여있다. 이른바 "벌거벗은 화장품(naked cosmetic)"이 의도하는 것은 제품 본연의 물성(物性)을 그대로 드러내기 위함이자 고객으로 하여금 친밀한 방식으로 러쉬 제품을 경험케 하려 함이다.

제품은 기계의 힘을 빌리지 않고 100% 수작업으로 만들며, 밀대나 식칼 등 요리 도구로 반죽하고 자른다. 원료는 식재료로 써도 문제가 없는 식물성 원료만 쓴다. 그래서 러쉬는 공장을 키친이라고 부른다. 모든 제

러쉬 매장의 제품 진열

품에는 제조일자·유통기한·제조자의 얼굴과 이름이 새겨진 스티커를 붙인다. 셀럽을 내세운 광고도 하지 않고, 화려한 패키지도 없으며, 관행과도 같은 샘플 배포도 없다.

그렇다면 도대체 이 기업은 무엇을 하려는 것일까? 강렬한 향과 화려한 색을 특징으로 하는 화장품 회사이지만, 러쉬는 자연주의를 표방하고 윤리 소비 혹은 가치 소비를 주창하는 사회운동단체이기도 하다. "정치적 올바름"을 따지는 러쉬는 윤리적 가치에 반하는 행위는 일절 하지 않는다. 뿐만 아니라 엎질러진 물의 윤리적 회귀를 강력하게 주장하고 후원한다. 자연주의를 실천하며, 나아가 그 자연주의를 지키기 위해 사회운동과 사회공헌을 하는 것이다. 이 모든 주제들의 키워드는 "환경"이다.

러쉬에서는 전담 "구매 팀(Buying Team)"이 질 좋은 에센셜 오일·신선한 원재료·100% 리사이클링 포장재 등 러쉬가 오랜 시간 지켜온 가

천연원료 중 하나인 다마스크 장미

치와 맞닿는 재료를 구하기 위해 세계 곳곳을 돌아다닌다. 믿을 수 있는 현지 생산자로부터 신선한 원료를 직접 구매하고, 수작업 방식으로 요리하듯 깨끗하고 철저하게 제품을 제조하며, 환경친화적 포장 원칙을 실천한다.

예컨대, 러쉬는 지중해에 위치한 키프로스(Cyprus)공화국에서 직접 자몽 열매를 얻고, 북아프리카 모로코(Morroco)에서 아르간 오일을 얻으며, 시어 버터 중 일부는 가나의 여성 협동조합에서 얻고, 포르투갈과 대서양이 맞닿아 있는 지역에서 고운 바닷소금 원재료를 얻으며, 터키 남서부에 위치한 세니르(Senir) 지역의 다마스크 장미 농부 3천여 명과 함께 세계 최고의 장미 오일과 결정체를 만든다.

러쉬 제품은 대부분 방부제를 사용하지 않기 때문에 유통기한이 짧다. 한 번에 200~300kg만 생산하여 짧은 기간 동안 판매한다. 전체 제품의 반 이상에 포장지를 사용하지 않으며, 마스크나 보습제처럼 어쩔 수 없이 용기를 쓸 경우에 담아내는 패키지인 "블랙 팟(Black Pot)"은 100% 분해되는 무독성 물질이다.

"우리는 제품을 디자인할 때 이미 포장을 없앱니다. 포장하지 않은 샴푸 바를 판매하는 것으로만 전 세계에서 6백만 개의 플라스틱 병을 줄입니다. 또한 고체화된 샴푸 바를 전 세계에 판매함으로써 연간 45만 리터의 엄청난 양의 물을 절약합니다. 모든 포장에서의 재활용 가능 총량은 약 89%입니다." lush.com

러쉬의 대표상품이기도 한 고체 샴푸 바엔 액체 샴푸를 제조할 때 들어가는 화학 성분이 애초에 들어가 있지 않다. 저질러 놓고 파괴된 환경을 수습하려는 사후약방문 성격의 환경주의가 아니라, 제품 개발 단계부터 이미 환경보존이라는 이슈를 유념하고 실천한다는 얘기다. 러쉬의 대표 이미지인 벌거벗은 화장품도 포장 쓰레기를 발생시키지 않는다는 점에서 환경문제와 결부된다.

자연주의와 환경주의를 중요한 가치로 여기는 러쉬는 필연적으로 혹은 태생적으로 기업윤리에 집중한다. 이러한 집중과 중시는 윤리적 실천

lush.com   러쉬의 포장되지 않은 제품들

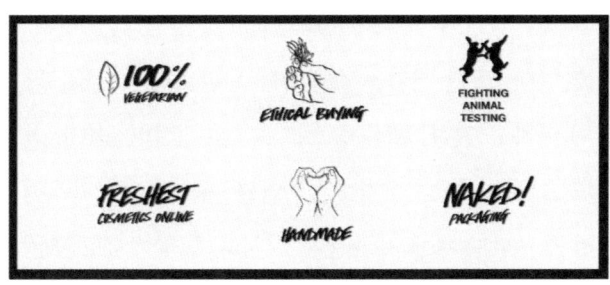

lush.com　　　　　　　　　　　　　　　　러쉬의 기업윤리와 모토

을 고도화시켜왔다. 러쉬는 수십 년 동안 동물실험 반대 캠페인을 이끌어 왔으며 현재까지도 동물실험에 맞서 싸우고 있다. 또 착한 원료를 찾아 나서면서 공정 무역을 행하는 것도 생산자에게 경제적 이익이 돌아감으로써 그들의 삶의 질을 높이기 위한 실천이다. 러쉬가 원료 구매 시 고려하는 노동자 권리·환경·동물 보호·최소 운송 등의 사항은 모두 윤리적 이유를 갖는 것이다.

러쉬에는 마케팅 부서가 없다. 대신 사회운동 캠페인을 전개한다. 러쉬가 적극 개입하는 사회운동은 동물보호·환경보존·인권존중의 세 주제에 집중한다. 동물보호를 위해 동물 실험 반대 캠페인에 주력하는데, 2012년부터 "러쉬 프라이즈(LUSH Prize)"를 제정해 동물실험 반대 운동과 대체실험에 기여한 개인 및 단체에게 수여하고 있다. 팜 오일 프리(Palm Oil Free) 캠페인은 환경보존을 위한 노력의 한 예이다. 팜 오일의 소비가 증가함에 따라 인도네시아와 말레이시아의 열대 우림이 반 이상 사라졌으며, 토착민의 삶이 위협받고 열대 우림에 서식하는 오랑우탄 같은 동물들까지 멸종 위기에 놓이게 되었다. 러쉬는 모든 비누를 팜 오일

대신 유채씨나 해바라기씨 오일로 제조함으로써 연간 25만kg의 팜 오일 소비를 줄이고 있다. 또한 러쉬는 소수자를 위한 성금 모금과 직원 채용에도 꾸준히 관여하고 있다. 제품 중 바디로션 "채러티 팟(Charity pot)"은 수익금 전액을 동물보호·환경보존·인권존중을 위해 지속적으로 공헌해온 비영리 소규모 단체에 기부해 오고 있다. 한국에서도 "세이브제주바다"·"청소년기후행동"·"한국미혼모지원네트워크"·"생태보전시민모임" 등의 단체가 후원을 받은 바 있다.

러쉬는 사회운동을 위한 펀드 조성에도 열심이다. 지속가능한 러쉬(Sustainable Lush)를 표방한 펀드, 즉 "슬러쉬(SLush)"는 세계 각지에 초식 농업과 재생 농업 프로젝트를 설립하고 자금을 조달하기 위해 개발된 것이다. 그리고 최근에는 재생가능성을 추구하는 새로운 러쉬 펀드 "리펀드(Re: Fund)"를 개시했다. 그 동안 추구했던 지속가능성만으로는 충분하지 않다고 보고 훼손된 환경 및 사회를 복구하는 재생 프로젝트를 후원하기 위한 것이다.

러쉬의 제품은 일상생활 내지 미용에 소요되는 화장용품이다. 이처럼 소소한 잡화를 전 지구적 환경의 거대 담론과 연결시킨 것은 실로 웅장한 성취이자 깊이 있는 잠재력이라 아니할 수 없다. 천연 원료의 신선함·수작업·색과 향의 비주얼 아이덴티티·벌거벗은 제품·윤리적 가치·환경운동·사회공헌 등이 러쉬에 대한 믿음을 자아내는 내러티브들이다.

NFs: 품질, 차별성, 정체성, 진정성, 철학, 사회공헌
IPs: 맹렬한 향기, 벌거벗은 화장품, 블랙 팟, 채러티 팟, 캠페인

4. 레고 LEGO

"최고의 것만이 최선이다."

lego.com

　아버지는 목수였고 장난감을 만들었다. 아들은 12살 때부터 아버지와 일을 같이 했다. 아들이 어느 날 기차역 매점으로부터 "나무 오리"를 주문받아 처리한 후, 머리를 잘 써서 경비를 절감했노라 아버지한테 자랑했다. 원래 페인트칠을 세 번 하는데 이번엔 두 번만 해서 납품했다는 것이다. 아버지는 크게 화를 내며 다시 가져와서 밤을 새서라도 다시 처리하라고 호통을 쳤다. 아버지는 창립자 올레 키르크 크리스티안센(Ole Kirk Christiansen: 1891~1958, 이하 OKC), 아들은 고트프레 키르크 크리스티안센(Godtfred K. C.: 1920~1995, 이하 GKC)이다. "오리 이야기(The duck story)"로 유명한 이 사건을 통해 열다섯 살 아들이 아버지로부터 배운 첫 사업 가치는 품질을 위한 정직이었다.

lego.com

1935년 제작한 나무 오리

　1980년, 한 조사에 의하면 어린이가 있는 서유럽 가정의 70%가 집에 이것을 가지고 있었다 한다. 1999년, 포춘지(誌)는 이것을 "20세기의 제품" 중 하나로 선정했다. 2000년, 영국 장난감소매상협회는 이것을 "20세기의 장난감"으로 선정했다. 2014년, 타임지(誌)는 이것을 "역사상 가장 영향력 있는 장난감"으로 선정했다. 2020년, 평판연구소는 매년 실시하는 설문조사(RepTrak®100)에 의해 이 기업을 세계에서 가장 평판이 좋은 기업으로 선정했다. 이 기업은 레고 그룹(LEGO Group)이고, 이것은 레고 브릭(LEGO brick)이다.
　"LEGO"라는 브랜드 이름은 "잘 놀다.(play well)"라는 뜻의 덴마크어 "LEg GOdt"의 두 단어 중 각기 앞 두 글자씩을 따서 지은 것이다. 1932년 덴마크 빌룬(Billund)에서 창업한 OKC는 건물소품·가구·장난감 등을 제조했고, 1934년부터는 장난감 생산에만 전념하였다. 아버지에게 크게 혼났던 GKC는 실질적으로 레고의 토대를 닦았다. 그가 1963년 제시한 "레고가 추구할 10가지 제품 특징"은 두고두고 레고의 지침이 됐다. 첫째, 무한 플레이 가능성. 둘째, 남녀 성별 초월. 셋째, 모든 연령에 맞는 즐거움. 넷째, 질리지 않음. 다섯째, 건강하고 조용한 놀이. 여섯째, 세대 초월. 일곱째, 발전성·상상력·창의력. 여덟째, 레고가 많을수록 더 큰 가치. 아홉째, 추가 세트 이용 가능. 열째, 모든 디테일에서의 품질. 지금도 레고 하면 떠오르고 레고를 정의할 수 있는 특징들이다.

1954년, GKC는 영국의 장난감 전시회를 방문했다. 이 때 그는 코펜

pixabay.com

1974년 덴마크 빌룬(Billund)의 레고랜드(Legoland)에 레고 브릭으로 만들어진 러시모어산(Mt. Rushmore)의 모형

lego.com   레고 공장

하겐의 한 장난감 회사 매니저를 만나 장난감 사업에 대해 이야기를 하게 됐다. GKC는 그 때 그로부터 "요새 장난감은 엉망이다. 아이디어도 부족하고 체계도 없다."라는 불평을 듣고 커다란 사고의 전환을 하게 됐다. 그는 깊이 생각하기 시작했다. 어떻게 시스템을 놀이의 세계로 이끌 것인가? 이렇게 해서 탄생된 세기적 발명으로서의 "레고 시스템"은 모든 요소들이 서로 어울리고, 다방면으로 사용될 수 있으며, 과거와 미래의 브릭들이 함께 할 수 있다는 것을 의미한다. 1955년, 레고 브릭을 더욱 발전켜 새로운 놀이 플랫폼을 만들어내는 혁명적인 "레고 시스템 오브 플레이(LEGO System of Play)"를 출시한다. 이 시스템은 28세트와 8개 차량, 그리고 보조 요소들로 구성됐다.

이제 개별적인 장난감은 하나하나 고립된 것이 아니라 장난감에 일관적 원칙, 즉 시스템이 적용되었다. 이것이 혁명적인 이유는, 브릭의 결합 원리에 의해 레고 장난감 세계가 어린이들의 창의력을 증폭시키는 "플랫폼"이 되었다는 점이다. 레고 시스템을 가능케 한 스터드(stud: 브릭 위에 튀어나온 원기둥)와 튜브(tube: 스터드를 받아들이는 원형 홈)의 결합 원리(stud-and-tube coupling system)는 1958년 특허를 받았다.

> "간단한 플라스틱 조각인 레고 브릭은 하나하나로는 특별히 눈길을 끌지 않지만, 어린이의 상상 속에서 그것들은 모든 것이 될 수 있습니다." lego.com

이제 직육면체의 브릭들을 가지고 인간이 상상하는 그 어떤 것도 만들어낼 수 있게 되었다. 레고 시스템의 키워드는 표준성·호환성·확장성·공동성으로 정리할 수 있다. 먼저 표준화된 규격은 가장 중요한 출발점이다. 지역과 시대를 넘어 전 세계 누구에게나 팔리게 된 비법이다. 브릭의 규격은 1마이크로미터 이하의 오차율을 자랑한다. 브릭의 기본 규격을 공유하기 때문에, 설계도(설명서)와 브릭만 있으면 어떤 것도 문제없이 조합할 수 있다. 또 레고 브릭은 연식에 상관없이 서로 호환이 된다. 1970년대에 출시한 레고와 2010년대에 출시한 레고가 서로 어울릴 수 있다. 그러므로 아이가 컸다고 해서 레고 브릭을 버리면 절대 안 된다. 다음 세대가 계승할 수 있기 때문이다. 뿐만 아니라 레고 브릭은 타사 제품의 브릭들과도 호환된다. 레고에서 정확한 브릭 사이즈를 공개함으로써 블록형 완구에 표준을 만들어 버렸던 까닭에 가능하게 되었다. 단 2개의 브릭으로도 24개의 조합이 가능한 레고는 6개의 브릭만으로 9억 1510만 3765개의 조합을 만들 수 있다. 사실상 사용법이 무한대에 가까운 확장이다.

또한 레고는 장난감이라는 한정된 울타리에서 벗어나 영역을 점점

pixabay.com

무한 가능성의
레고 브릭 조합

확대하고 있다. 과학·건축·예술·디자인·게임·영화·테마파크·교육 등에까지 레고 시스템을 적용함으로써 브랜드 영역을 넓히고 있다. 마지막으로 중요한 것은 마니아 혹은 팬덤의 커뮤니티이다. 어릴 때부터 가지고 놀았다는 점으로부터 레고족들은 독특한 소속감을 갖는다. 전 세계에 다양한 연령대로 만들어진 약 5000개의 레고 커뮤니티에서 활발한 "레고 창작"이 이루어지고 있다.

어린이를 대상으로 하는 장난감이기에 레고는 시작부터 안전과 품질을 중시했다. (다만, 밟으면 아프다.) 더 나아가 어린이를 대상으로 하는 사회공헌에도 레고는 충실하다. 1985년에 어린이를 위한 비범한 노력에 대해 시상하는 레고 상(LEGO Prize)을 제정했고, 2015년엔 레고 그룹과 레고 재단이 유니세프와 3년간 협력관계를 맺어 아이들의 권리를 보호하고 학습 방식을 변화시키는 활동을 했으며, 2018년엔 레고 재단이 전 세계 분쟁에 휘말린 어린이들을 돕기 위해 세서미 워크숍(Sesame Workshop)에 1억 달러를 기부하기도 했다. 또한 무독성 플라스틱을 사용해 주 고객인 어린이들의 건강을 최우선으로 고려하고 있다. 박스에 쓰이는 종이나 잉크마저 먹어도 무해할 정도로 관리하며, 공장에서 나오는 합성수지 폐기물은 99% 이상 재활용한다고 한다.

레고 브릭은 정말로 단순한 플라스틱 블록이다. 그런데 이 단순함을 받쳐주는 최고의 시스템과 무한가능의 플랫폼을 창출해 냄으로써, 레고는 세대와 시공을 초월하는 하나의 현상이 되었다. 나무 오리의 정직으로부터 출발한 진정성, 시스템과 플랫폼의 기능적 지속성, 사회공헌 등의 내러티브들이 레고를 이룩했다.

> NFs: 품질, 차별성, 정체성, 진정성, 사회공헌, 이야기, 팬덤
> IPs: 오리 이야기, 레고 브릭, 레고 시스템, 레고 커뮤니티

5. 록시땅 L'OCCITANE

"고객에게 진실한 이야기를 들려주어야 한다."

loccitane.com

　남프랑스 코뜨 다쥐르(Cote d'Azure) 지역의 붉은 모래를 본 딴 빨간 타일 바닥, 황토색에 가까운 노란색과 파란색의 어울림이 주는 이국적 정취, 아기자기한 연철 장식과 원목 가구. 이들을 통해 록시땅이 말하려는 것은 지중해를 앞에 둔 프로방스의 감성이다.

　전체 브랜드명 "L'Occitane en Provence"는 "프로방스의 옥시타니아(Occitania: 프랑스 남부 지방의 옛 명칭)에서 온 여자"라는 뜻이다. 창업자인 올리비에 보송(Olivier Baussan: 1953~)은 사계절이 뚜렷하고 일조량이 많아 다양한 작물들이 잘 자라는 프로방스 지역에서 어린 시절을 보냈다. 프로방스의 자연과 작물에 남다른 애정 뿐 아니라 깊은 이해와 지식도 가지고 있었다. 그는 23살 때 낡은 증류기를 구입하여 천연 로즈메리(Rosemary)를 에센셜 오일로 증류해 작은 트럭에 싣고 프로방스의 마

올리비에 보송이
처음 사용했던 증류기

을 장터 여기저기를 돌며 판매하기 시작했다. 그리고 마르세유(Marseille)의 쓰러져 가던 한 비누공장을 인수하면서 그 지역의 전통적인 비누 제조 기술까지 전수받아 작은 비누 공장을 열었다. 1981년 올리비에 보송은 직원 25명과 함께 프로방스 복스(Volx) 지역에 록시땅의 첫 번째 매장을 열고, 천연 에센셜 오일이 첨가된 비누들을 판매했다. 이것이 록시땅 브랜드의 탄생이다. 이후, 오일에서 비누와 크림으로 제조 범위를 넓히면서 내추럴 뷰티를 전 세계에 알리게 된다.

　록시땅은 매장 인테리어 분위기만 깨끗하고 자연적인 것이 아니다.

"자연"은 록시땅의 시작부터 끝이다. 자연에 대해 우선 깊이 관찰한다. 마노스크(Manosque)의 오뜨(Haute) 프로방스 지역에 위치한 최신식 록시땅 연구소의 11개 연구실에서는 100여명의 연구원으로 구성된 팀이 분자생물학부터 식물 추출물, 분석화학 분야까지 다양한 분야를 아우르는 연구를 수행한다. 효과적인 내추럴 화장품의 개발은 이러한 연구로부터 비롯된다. 과학적인 방식뿐 아니라 프로방스 지역의 전통적인 제조법과 추출법 또한 그대로 계승하여 제품 생산에 사용한다. 나아가 프로방스 지역의 관습이나 문화, 그리고 자연환경에 대한 존중과 동화(同化) 역시 제품에 그대로 담아내려고 의도한다. 그래서 록시땅의 제품에서는 천연 원료로부터 나오는 자연성과 지역문화에서 나오는 전통성이 잘 융화된 느낌을 읽을 수 있다.

록시땅의 정성은 진지하기까지 하다. 록시땅 제품에는 현학적이거나 과장된 네이밍보다 원료의 이름이 적혀 있다는 점이 바로 그러하다. 각각의 원료들이 고유하게 지니고 있는 이야기도 제품과 함께 전한다. 병 속에 담긴 오일이 어디서 자란 식물로 만들어졌는지, 왜 그 식물을 골랐는지를 고객에게 자세히 설명해 주는 것이다. 천연 원료들이 출발이자 전부라는 진정성이 드러난다.

이러한 진지함이 철저하게 자연주의 원칙을 고수하게 만드는 근원이다. 자연주의 철학은 제품을 만드는 재료뿐 아니라 포장과 매장 인테리어 등 모든 분야에 관철된다. 예컨대, 쇼핑백에 반영된 엄격한 자연주의는 전 세계 록시땅 매장에서 발견할 수 있다. 사용되는 쇼핑백은 사과 껍질과 씨, 사과주스 찌꺼기나 프랑스의 란데스 숲에서 수거한 나무껍질들로

interbrand.com

록시땅의 첫 매장

만든 종이로 제작된다. 여기에 사용되는 잉크와 풀 또한 친환경 재료가 사용된다. 자연주의가 환경보호를 위해서도 기여하는 것이다. 또한 제품의 원료로 사용되는 라벤더, 이모르뗄, 아몬드, 아이리스 같은 각종 꽃과 식물을 직접 키우고 재배한다. 이들을 자연 그대로의 방식으로 경작하기 위해, 땅을 일구는 일로부터 시작되는 모든 과정에 화학적 개입을 최대한 배제한다.

"우리는 원산지 확인이 가능한 천연 원료를 사용하는데 앞장서 왔습니다. 현재 사용하는 약 200여개 식물성 원료의 1/4은 유기농 인증을 받았습니다. 가능하면 천연 원료를 사용한다는 데 우선순위를 둡니다. 윤리적인 원료 공급법에 따라 제품을 특별하게 만듭니다." loccitane.com

82

loccitane.com   올리비에 보송이 천연 원료로부터 오일을 추출하는 장면

    록시땅이란 브랜드가 널리 알려진 데에는 두 가지 천연 재료의 공이 지대하다. 시어 버터(Shea butter)와 이모르뗄(Immortelle)이 그것이다. 촉촉한 보습감이 특징인 시어 버터는 건조한 피부의 해결사이고, "시들지 않는 영원함"이란 꽃말의 노란색 야생식물 이모르뗄은 주름 개선의 공로자이다.

    시어 버터는 서아프리카 지역에서 야생하는 시어나무 열매의 내용물이 버터와 비슷해 불리게 된 이름이다. 원래 사하라 사막 이남 지역의 아프리카 여성들이 수세기 동안 뜨거운 날씨와 모래바람, 건조함으로부터 피부와 모발을 보호하는데 사용되어온 원료이다. 그런데 1982년 서아프리카의 부르키나 파소(Burkina Faso) 공화국을 여행하던 올리비에 보송

interbrand.com　　　　　(좌) 시어 버터　(우) 시어버터로 만든 초기 제품

  이 그 나라 여성들이 시어나무 열매의 버터처럼 보이는 내용물을 피부와 모발에 바르는 장면을 목격하곤 시어 버터가 들어간 비누를 만들게 되었다. 이후 록시땅은 이 시어 버터로 화장품을 만든 최초의 기업이 됐다. 클레오파트라가 애용했다는 시어 버터. 록시땅의 시어 버터 핸드크림은 전 세계에서 3초에 1개씩 팔린다고 한다.

  프로방스 남부 연안 코르시카(Corsica) 섬에서 야생으로 자라는 이모르뗄은 불멸의 꽃이다. 꺾은 후에도 시들지 않고 그 아름다움과 색상을 그대로 간직하는 신비한 생명력을 지녔다. 록시땅은 이모르뗄의 고유 특성을 이용하여 노화방지 기능이 있는 이모르뗄 크림을 제조했다. 1리터의 이모르뗄 에센셜 오일을 얻기 위해선 1톤의 이모르뗄 꽃을 추출해야 할 만큼 귀한 원료이다. 게다가 일반적인 하얀색 용기가 아닌 꽃의 색에 맞춘 노란색 용기에 담아내는 특색을 더했다.

  록시땅은 자연으로부터 받은 것 이상을 사회에 돌려주는 행보를 지속하고 있다. 록시땅의 사회공헌 프로그램은 다분히 인도주의적이다. 2006년 설립된 록시땅 재단을 통해 사회 환원을 해오는데, 특히 전 세계의 시각 장애를 위한 후원과 부르키나 파소 여성들의 경제적 독립을 돕는 데 주력한다. 꾸준히 아프리카 여성들의 경제적 자립을 돕기 위해 공정무역 프로그램을 진행하고 있으며, 제품 용기에 점자를 새기고, 시각장애인의 안과 시술을 돕고, 어린이들의 실명 예방을 위해 지원해오고 있다.

    프로방스의 이국적 정취, 천연 원료에 집중하는 자연주의 원칙, 시어 버터의 재발견, 시각 장애 지원에 특화된 사회공헌 프로그램 등이 록시땅의 오늘을 만든 내러티브들이다.

NFs: 품질, 차별성, 정체성, 진정성, 철학, 사회공헌
IPs: 프로방스, 시어 버터, 이모르뗄

6. 롤렉스 ROLEX

"100년 동안 2초 이내의 오차만을 허락한다."

rolex.com

　롤렉스의 창립자 한스 빌스도르프(Hans Wilsdorf: 1881~1960)가 장인들에게 당부한 말이 있다. "아름다운 작품만을 만들어 주십시오." 그런데 이는 제작자만의 염원이 아니다. 구매자들이 롤렉스에게 원하는 것도 오직 아름다운 작품이다. 특히 남자에게 시계는 자신의 성향과 가치를 증명하는 유일한 액세서리다. 누가 시간을 알아보기 위해서 시계를 차는가! 더구나 롤렉스를 말이다. 내 몸 위에서 다만 아름다운 작품이기를 바랄 뿐이다.

　퀴츠(quartz) 혁명 아래서도 굴하지 않고 고집스럽게 견지한, 1초당 서너 번 진동하는 게 고작인 기계식 시계. 롤렉스가 훨씬 더 정확하고 고장이 잘 나지 않는 전자식 시계의 장점을 넘어선 것은 결국 성공한 이의 손목에서 빛나는 일종의 "지위의 상징"으로서의 역할 때문이었다. 애초

(상) 설립자 한스 빌스도르프
(하) 1926년의 "오이스터"

기술적 완성도에 기반 해서 출발한 기능적 필수품이었으나 지위를 상징하는 가치품으로 완벽하게 전환한 것이다.

1905년, 24살의 한스 빌스도르프가 런던에 시계 유통 회사를 설립한 후 곧 이어 손목시계 제작을 구상하기 시작했다. 자신의 시계에 대해 어떤 언어로나 발음하기 쉽고 기억하기 좋게끔 짧고 인상적인 이름을 찾던 그에게, 1908년 어느 날 아침 런던의 도로를 달리는 합승마차 2층에서 마법처럼 "롤렉스"라는 이름이 떠올랐다. 며칠 후 빌스도르프는 롤렉스를 상표로 등록했다. 롤렉스라는 글자 위의 크라운 로고(Crown Logo)는 롤렉스 장인의 손과 왕관을 형상화한 것으로 1931년에 정식 등록되었다.

제1차 세계대전 이후 손목시계가 전 세계적으로 유행했지만, 적국(敵國)인 독일과의 무역을 제한하는 영국의 정책 때문에 독일로부터의 부품 수급이 어려워지자 롤렉스는 1919년에 본사를 스위스 제네바로 옮기게 된다. 스위스가 시계 산업으로 유명해진 것은 롤렉스의 역할이 컸다. 롤렉스는 최초의 방수 시계, 최초의 자동태엽 시계, 최초의 날짜·요일 표시 시계 등 "최초의 기술"을 선도해왔다.

1910년에 손목시계 역사상 최초로 스위스 공식시계등급 인증센터의 공식 크로노미터(Chronomètres) 인증을 획득했다. 1914년엔 영국 큐(Kew) 천문대로부터도 A등급 크로노미터 인증을 받았다. 이는 국제적 공인 검정에 합격한 고정밀 시계라는 뜻이다. 이후 롤렉스 손목시계는 정확성이라는 말과 동의어가 되었다.

rolex.com

다이얼　　　　오이스터 케이스　　　　퍼페츄얼 로터　　　　파라크롬 헤어스프링

Hairspring은 시계 태엽과 연결되는 작은 와류형 스프링으로 시계의 정확도를 결정한다. 헤어스프링에 파란색을 사용하는 것은 가장 정확한 시계에만 허용된 특별한 표시였다.

1926년에 세계 최초의 방수·방진 시계인 "오이스터(Oyster: 꽉 다문 굴처럼 완벽한 방수기능)"를 개발했다. 1931년에 최초의 자동 태엽 "퍼페츄얼 로터(Perpetual Rotor: 이론적으로 흔들리기만 하면 영구히 작동하므로 퍼페츄얼이라 부름)"를 발명했다. 1945년에는 최초로 날짜가 표시되는 "오이스터 퍼페츄얼 데이트저스트(Oyster Perpetual Datejust)"를 출시했다.

또한 1953년 100m까지 방수 기능을 제공한 최초의 다이버 워치 "서브마리너(Submariner)", 1955년 파일럿을 위한 3개의 시간대가 동시 확인 가능한 "GMT-마스터(GMT-Master: GMT는 Greenwich Mean Time의 약자로 전 세계의 평균시)", 1967년 수심 610m까지의 방수 기능을 지닌 "오이스터 퍼페츄얼 씨-드웰러(Oyster Perpetual Sea-Dweller)", 1956년 날짜 표시창에 약어가 아닌 전체 글자로 요일과 날짜를 표시한 최초의 손목시계 "오이스터 퍼페츄얼 데이-데이트(Oyster Perpetual Day-Date)" 등 최초의 퍼레이드는 지속되었다.

롤렉스의 시작은 방수시계라는 개념의 제시였다. 방수시스템에 공을 들인 결과가 바로 롤렉스의 상징인 "오이스터 케이스"라고 불리는 방수 케이스이다. 퍼페추얼 로터의 적용 목적 역시 태엽을 감는 수고를 더는 데 있다기 보다는 태엽을 감기 위해 용두의 잠금을 풀 때 유입되는 습기와 먼지를 최소화하기 위함이었다. 방수 시계를 위해 얼마나 노력했는지를 알 수 있다.

1945
데이트저스트

1953
서브마리너

1956
밀가우스

"방수시계라 말하는 것과 실제로 방수기능을 입증할 수 있는 것에는 큰 차이가 있습니다. 1927년 롤렉스 오이스터는 메르세데스 글릿즈(Mercedes Gleitze)라는 젊은 영국 여성이 10시간이 넘게 걸려 도버해협을 헤엄쳐 건너는 순간을 함께 했습니다. 롤렉스시계는 완벽하게 작동했습니다." rolex.com

롤렉스 고유의 정체성과 탁월한 가독성을 완성하는 다이얼은 완벽함을 유지하기 위해 롤렉스 자체 디자인 및 수작업으로 제작되는데, 타의 추종을 불허하는 장인정신의 상징이다. 또한 다이얼에 14세기 이전 표기대로 숫자 4를 IV가 아닌 "IIII"로 표시하는 방식을 고수한다. 독특한 방

rolex.com

1963	1967	1992
데이토나	시 드웰러	요트-마스터

식으로 지키는, 로마시대로부터 내려온 이 전통은 게다가 다이얼에 전체적으로 멋진 균형미를 주기에 더 의미가 있다.

  롤렉스는 과학자·기술자·스포츠인·탐험가 등을 위한 시계를 개발하는 것으로도 유명하다. 1,000가우스의 강한 자기장이 있는 환경에서도 견딜 수 있는 "밀가우스(Milgauss)", 수심 3,900m라는 놀라운 방수 기능을 제공하는 "롤렉스 딥씨(Rolex Deepsea)", 요트 경기를 위한 "요트-마스터(Yacht-Master)", 탐험가를 위한 "익스플로러(Explorer)", 카레이서를 위한 "데이토나(Daytona)" 등 각 분야 전문가를 위한 시계를 지속적으로 개발하고 있다.

  롤렉스는 그 명성만큼이나 셀럽과의 인연이 많다. 1953년 에드먼드

rolex.com

1 2 3

1. 롤렉스의 시계 기술 역량의 결정체인 세계 최초의 방수 와인딩 크라운(Winding Crown)은 10여 개의 부품으로 이루어져 있으며 케이스에 완벽히 밀폐 고정되어 있다.
2. 푸른색 야광의 크로마라이트(Chromalight) 디스플레이.
3. 모든 롤렉스시계에 부착된 그린 실(Green Seal)은 최상급 크로노미터와 같은 위상을 상징한다.

힐러리(Edmund Hillary) 경이 롤렉스를 차고 인류 최초로 에베레스트 등정에 성공했다. 잠수 시간을 알려주는 세계 최초의 수심 100m 방수시계였던 "오이스터 퍼페츄얼 서브마리너"는 "007 시리즈"의 3대 제임스 본드였던 로저 무어(Roger Moore)와 혁명가 체 게바라(Che Guevara)가 착용했다. 마릴린 먼로가 존 F. 케네디 미국 대통령의 생일 날 롤렉스를 선물하기도 했다. 롤렉스를 향한 팬덤 또한 열렬하다. 그들에게 롤렉스 구매는 언젠가 반드시 실현해야 할 중요한 목표처럼 보인다.

롤렉스는 품격에 어울리게 사회공헌에도 충실히 임한다. 1976년 오이스터(Oyster) 탄생 50주년을 기념하며 시작된 롤렉스 어워드(Rolex Award for Enterprise)는 세계 자연 환경과 문화 유산을 보호하고 인류의 삶을 개선시키는 프로젝트에 수여된다. 2002년 첫 선을 보인 롤렉스 멘토와 프로테제 예술 이니셔티브(Rolex Mentor and Protégé Arts Initiative)는 재능 있는 젊은 예술가들이 해당 분야의 거장을 사사하고 일대일 멘토링의 기회를 가질 수 있도록 지원하는 프로그램이다. 또 2019년 퍼페츄얼 플래닛(Perpetual Planet)이라는 캠페인을 선보이며, 환경 문제에 대한 연구를 후원하기도 한다.

신분의 상징이고 부(富)·세련됨·역동적 생활양식 등과 동의어이며, 정밀성·내구성·신뢰성이 특징인 롤렉스는 시계 디자인의 변화도 거의 없을 정도로 전통 보존에 열심이고 극도로 보수적인 브랜드이다. 기계식을 고집하는 일관성, 장인정신, 무수한 특허를 낳은 최초의 기술들, 그리고 셀럽과 팬덤이 롤렉스라는 이름을 빛내는 내러티브들이다.

> NFs: 품질, 차별성, 정체성, 진정성, 품격, 사회공헌, 셀럽, 팬덤
> IPs: 기계식, 크라운 로고(Crown Logo), 오이스터(Oyster), "IIII"

7. 롤스로이스 ROLLS-ROYCE

"존재하는 최고의 것을 취하여 더 나은 것을 만들어라."

　시속 100km로 달리는 차 안에서 들리는 소리는 오직 시계소리뿐이라고 광고하는 차, 달리는 별장이라 불리는 롤스로이스(ROLLS-ROYCE)이다. 최고 · 최대 · 최선이란 수식어가 자연스러운 이 차는 소수에게만 허락된 특권 같지만 상징적 지위가 저절로 생긴 것은 아니다. 부진과 매각의 역사를 겪으면서도 차원이 다른 위치를 꾸준히 견지한 데는 강인한 정체성과 그 정체성을 쌓아올린 올곧은 원칙이 있었기 때문이다.

　롤스로이스의 엠블럼 "RR"은 찰스 롤스(Charles Rolls: 1877~1910)와 헨리 로이스(Henry Royce: 1863~1933) 두 사람 성의 첫 글자를 딴 것이다. 부유층에서 태어난 영국의 자동차 수입판매업자 찰스 롤스와, 어려운 집안에서 태어났지만 재능 있는 전기기술자이자 엔진기술자였던 영국

(좌) 찰스 롤스 (우) 헨리 로이스

의 제조업자 헨리 로이스는 1904년 5월 4일 맨체스터에서 처음 만났다. 로이스가 만든 2기통 차 "10hp"를 보자마자 롤스는 자신이 찾던 것을 발견했음을 직감하고, 롤스로이스라는 이름으로 팔기로 즉석에서 합의했다. 공학에 대한 공통된 열정과 세계 최고의 자동차를 만들고자 하는 열망으로 파트너십을 맺은 이래, 둘은 현존하는 최선의 것을 동원하고 그런 것이 없다면 직접 설계해서 만들어낸다는 집념의 장인정신을 구현했다.

1907년 첫 생산한 "실버고스트(Silverghost)"는 롤스로이스의 명성이 시작된 프레스티지카이다. 10개월에 1대밖에 못 만들 정도로 생산성이 낮았지만 품질은 확실히 인정받았다. 공식 모델명은 "40/50"이나 밤에 달리는 모습이 은빛 유령처럼 보인다 해서 실버고스트로 불렸다. 이후로도 롤스로이스의 차 이름은 팬텀(Phantom)이나 레이스(Wraith) 등 유령이라는 뜻을 사용하는데, 차가 조용하다는 것을 강조하기 위해서일지 모르나 일반 사람들에게는 손에 넣을 수 없는 유령 같이 비현실적인 자동차라는 의미로도 읽힌다.

롤스로이스의 시그니처이자 플래그십은 "팬텀"이다. 길이가 미니버스와 비슷한 6m 정도이고, 무게는 웬만한 트럭과 비슷한 2.6톤이다. 위압적인 분위기를 풍기는 이 차에 대해 롤스로이스는, 존재만으로 위대함의 영감을 떠오르게 하고 유명하지만 스포트라이트가 필요하지 않은 차라고 한다. 차 가격이 7억 원 안팎이지만, 롤스로이스는 애초에 많이 팔려고 만드는 차가 아니기에 가격을 낮출 생각도 없다 한다. 이유는 롤스로이스 소유주들이 거리에서 롤스로이스를 자주 보고 싶어 하지 않기 때문이다. 2018년엔 세단이 아닌 사륜구동 SUV "컬리넌(Cullinan)"이 나왔다. 일종의 파격이지만, 그간 랜드로버 레인지로버가 사막의 롤스로이스라 불려왔는데 진짜 사막의 롤스로이스를 제시한 셈이다. 롤스로이스는 10년 내 모든 모델을 전기차로 전환할 계획이라고도 한다.

rolls-roycemotorcars.com

팬텀 수트

롤스로이스는 영국을 상징하는 차다. 1904년 설립된 이래 100년 넘게 영국 자동차의 자존심이었고, 자연스럽게 오랜 기간 영국 왕실의 의전 차량으로 쓰였다. 2011년 영국 윌리엄 왕세손의 결혼식에서 케이트 미들턴 왕세손빈이 결혼식장에 타고 온 차도 1977년산 롤스로이스 팬텀이었다. 아이콘 중의 아이콘임을 자부하는 롤스로이스는 영감·예술성·헌신·엄선·장인정신·정밀·품위를 자신이 추구하고 구현하는 가치라고 말한다.

> "롤스로이스는 예술과 과학의 융합입니다. 한 대를 제작하는데 60명의 엔지니어, 장인, 컬러리스트, 조각가가 필요하며 최대 800시간이 걸립니다. 우리는 하나의 목표 아래 꿈을 세우고 비범한 것을 성취해냅니다." rolls_roycemotorcars.com

긴 시간 동안 최고의 자리에 군림해오는 롤스로이스는 자리에 걸 맞는 특별한 디테일들로도 빛난다. 세 가지로 구성된 시그니처 그릴은 그 자체로 디자인 아이콘이다. 항상 검은색으로 써진 롤스로이스 배지, 고대 로마의 판테온(Pantheon) 신전에서 영감을 받은 라디에이터 그릴, 그리고 길을 인도하는 "환희의 여신상(Spirit of Ecstasy)"이다.

1910년 영국 귀족 존 에드워드 스콧-몬터규(John Edward Scott-Montagu)는 좋아했던 롤스로이스 직원 엘리노어 벨라스코 손턴(Eleanor Velasco Thornton)과 신분상 이유로 결혼할 수 없자 자신의 사랑을 증표로 남기기 위해 친구인 찰스 로빈슨 사익스(Charles Robinson Sykes)에게

rolls—roycemotorcars.com   시그니처 그릴

손턴의 모습을 담은 엠블럼을 만들어줄 것을 부탁했다. 통칭 위스퍼(whisper) 혹은 플라잉 레이디(Flying Lady)라고 불린 이 엘블럼은 매혹적인 자태의 여인이 손가락으로 입술을 살짝 가린 모습이었고, 이후 환희의 여신상이란 이름으로 롤스로이스 차량을 인도하게 되었다. 또 하나의 아이덴티티는 뒷문의 경첩이 뒤에 달려있어 문이 앞쪽으로 열리는 코치 도어(Coach Door)이다. 롤스로이스는 쇼퍼드리븐(Chauffeur-driven: 수행기사 운전 차량)인데, 행사 같은 상황에서 인파가 몰릴 때 앞뒤의 문이 바깥으로 열려 탑승자를 보호하는 기능을 할 수도 있다고 한다. 또 문 안에는 오너가 비에 맞지 않게끔 크롬몰딩의 우산이 박혀있어 필요시 누르면 튀어나오게 되어 있는 것도 세심한 배려이다. 또 하나의 아이덴티티로 특유의 휠캡을 들 수 있다. 휠캡 안쪽에 베어링을 장착해 운행 시에도 휠캡의 "RR"로고는 정자세를 유지함으로써 항상 고정된 RR 로고를 보게 한

다. 2019년엔 롤스로이스의 최고급 디테일로서 샴페인 체스트를 내놓기도 했다. 우산 100만 원 이상, 환희의 여신상 500만 원 이상, 샴페인 체스트 5,000만 원 이상이다. 롤스로이스는 액세서리가 단순한 물건이 아닌 오직 1명을 위한 솔루션이라고 말한다. 고객이 원하는 이상적인 차를 무엇이든 제작해주는 롤스로이스 비스포크(Bespoke) 역시 고도의 기술을 갖춘 공예가와 디자이너를 갖춘 팀이 있기에 가능한 것이다.

롤스로이스는 2017년부터 영국 굿우드(Goodwood) 공장에서 25만여 마리의 꿀벌을 기르고 있다. 생물 다양성 보전의 일환으로 꿀벌 보호에 적극 동참하는 것이다. 다만, 롤스로이스의 꿀은 맛보기가 거의 불가능하다. 전 세계 롤스로이스 고객들에게만 선물로 제공되기 때문이다.

롤스로이스는 당연히 셀럽과 연관이 많다. 롤스로이스는 과거 아무나 탈 수 없는 차로 유명했다. 사회적 지위나 신분, 고객의 품위에 따라 차

rolls-roycemotorcars.com

환희의 여신상

코치도어   RR우산

량 판매를 결정했기 때문이다. 엘비스 프레슬리가 예능인이라는 이유로 구입을 거절당했다거나 엘리자베스 테일러가 복잡한 사생활 때문에 고객 명단에서 제외됐다는 이야기가 소문으로 전해진다. 지금은 모든 고객을 동등하게 대하고 있다고 한다.

롤스로이스는 다른 자동차와 경쟁하지 않는다. 다만 품질에 집중하고 소비자의 니즈를 철저하게 반영할 뿐이다. 구매자의 니즈를 따르겠지만 더욱 중요한 것은 롤스로이스의 정체성이며, 롤스로이스를 수집품처럼 만들기 위해 희소성을 계속 유지하고자 한다. 최고의 길을 달려온 역사 자체와 아이덴티티를 보여주는 고품격의 디테일과 액세서리, 그리고 이 모든 것을 받쳐주는 고품질의 수작업 등이 롤스로이스의 명성을 지키는 내러티브들이다.

NFs: 품질, 차별성, 정체성, 진정성, 품격, 셀럽

IPs: "RR"로고, 환희의 여신상, 코치 도어, RR우산, RR휠캡, 팬텀, 비스포크

8. 리모와 RIMOWA

"아랍의 열기에서 아이슬란드의 추위까지 견딘다."

    1898년 독일 쾰른에 설립된 한 여행용 가방 제조공장에서 큰 불이 났다. 설립자인 파울 모르스첵(Paul Morszeck)이 폐허를 살피다 특별한 점을 발견했다. 가방의 주재료인 소나무와 쇠가죽은 흔적 없이 타버렸지만, 부속품으로 쓰인 알루미늄 소재는 그대로 남아있었던 것이다. 이 회사는 여기서 전환점을 맞았다. 가방의 재료로 경금속을 궁리하게 된 것이다.

    1937년, 파울 모르스첵의 아들인 리차드 모르스첵이 세계 최초로 모든 부분을 알루미늄으로 만든 트렁크를 세상에 내놓았다. 그리고 "리차드 모르스첵 트레이드마크"란 뜻의 독일어 "Richard Morszeck Warenzeichen"의 앞 두 글자씩을 따 "리모와(RIMOWA: 독일어 발음으로는 리모바)"를 브랜드명으로 정했다. 창립자이자 아버지의 이름을 따서 "파모와(PAMOWA)"라고 할 법도 한데 조금 의외이다. 아무튼 리모와는 1930년대에 여행문화의 변화에 발맞춰 본격적인 궤도에 오르게 된다. 종

(좌) 대형 사이즈 트렁크를 홍보하는 초기 광고

(우) 2015년 광고

rimowa.com　　　　　　　　　　　　promod.org

래는 사람들이 여행할 때 마차와 기차를 이용했고 짐은 대개 하인이나 짐꾼들이 날랐기에 여행가방의 부피나 무게 따위는 신경 쓸 이유가 없었다. 하지만 1930년대부터 서서히 항공 여행이 대중화되면서 사정이 달라졌다. 비행기는 하늘로 떠서 날아야 하기 때문에 승객의 휴대품 중량은 민감한 문제가 되었다. 이에 되도록 가벼운 여행용 트렁크에 대한 수요가 대두한 것이다. 튼튼하고 가벼운 알루미늄 트렁크는 시대의 요구에 제대로 부응하는 개발품으로, 여행 가방의 패러다임을 바꾸어놓았다.

1950년, 또 하나의 획기적인 전환점이 일어났다. 리모와의 상징이 된 그루브(Groove: 가방 표면에 좁고 긴 홈이 파진 디자인) 패턴의 트렁크가 탄생한 것이다. 그루브 패턴 덕분에 가방은 운반이 더 용이해졌고 미끄러짐이 없어 내부의 짐도 더 잘 보호할 수 있었다. 이 해에는 또 알루미늄·

구리·망간·마그네슘의 합금인 두랄루민(Duralumin) 소재의 트렁크 "토파즈(Topas)"를 출시했다. 두랄루민은 애초 독일의 비행기 융커스(Junkers) JU52 모델을 만드는 데 쓰인 소재였다. 두랄루민으로 만들어져 매우 가벼운 JU52 비행기로부터 착안하여 제작된 토파즈는, 최신 항공기를 연상케 하였기에 전 세계 항공여행족과 항공기 승무원들로부터 큰 인기를 얻었다. 토파즈는 리모와가 세계적 브랜드로 등극하는데 크게 기여했다. 이러한 연고로 리모와는 현재 융커스 JU52 비행기를 소유하고 있으며, 그를 이용한 다양한 프로그램도 운영하고 있다. 2012년에는 리모와가 추구하는 혁신과 기술력을 알리고자 JU52 비행기의 대서양 횡단 프로젝트를 시행하기도 했다. 2012년 6월 18일, JU52 비행기는 리모와의 독일 쾰른 본사를 출발해 영국·아이슬란드·덴마크·캐나다 등을 거쳐 미국 LA까지 총 32개 공항을 경유하고 8월 17일 뒤벤도르프(Dübendorf)로 돌아왔다.

(좌) 토파즈
(우) 살사

rimowa.com

2000년, "핸드메이드와 하이테크의 만남(Handmade Meets High-Tech)"이라 부르는 폴리카보네이트(Polycarbonate) 가방, "살사(Salsa)"가 세상에 나왔다. 폴리카보네이트는 대통령 경호차량의 방탄 소재로서 견고하면서도 매우 가벼운 것이 특징이다. 토파즈 트렁크가 84L 용량에 6.3kg인데 비해 살사는 86L 용량에 4.3kg이다. 용량은 2L 더 크면서 무게는 무려 2Kg이나 더 가볍다. 더구나 영하 40°C에서 영상 125°C의 온도를 견딜 수 있는 내구성도 갖췄다. 열대부터 혹한까지의 극한 상황을 견딜 수 있을 뿐 아니라 경량감과 내구성까지 구현한 혁신이었다.

rimowa.com

(좌) 쾰른의 가장 유명한 랜드마크인 쾰른대성당을 토대로 만든 리모와의 첫 번째 로고

(우) 1937년 새로운 브랜드 이름, 리모와

리모와의 제품은 알루미늄 소재에서 폴리카보네이트 재질까지의 첨단 소재를 사용하며, 가장 중요한 공정은 독일 장인의 숙련된 수작업에 의해 완성된다. 처음 파울 모르스첵이 동그란 원형의 선 안에 쾰른의 랜드마크였던 쾰른대성당을 그려 넣은 로고를 만듦으로써 "독일산 여행용 가방"의 정체성을 수립한 이래, 독일의 장인정신이란 가치는 지금도 이어

지고 있다.

> "빈티지한 나무에서 클래식한 알루미늄, 하이-테크 폴리카보네이트까지. 리모와는 항상 더 나은 여행을 만드는 방식을 고안해왔습니다. 3세기를 거치며 많은 변화를 목격했지만 우리의 철학은 언제나 동일합니다. 전문적인 여행자에게 전문적인 여행 솔루션을 제공하는 것입니다." rimowa.com

2001년엔 여덟 개 휠이 가볍게 360° 회전하도록 되어있는 멀티 휠 시스템을 완성했고 특허를 받았다. 그리고 2006년, 예상치 못한 보안검사 시 가방을 훼손하지 않고도 쉽게 수하물을 열 수 있도록 한 TSA 잠금장치를 장착했다. 리모와는 AS에 있어서도 고객의 편의를 최대한 반영한다. 전 세계 어디서나 5년간 AS가 가능하고, 여행객들의 편의를 위해 24시간 내 호텔 수리 서비스를 제공하고 있다. 이러한 것들은 모두 리모와의 리모와다움을 완성시키는 디테일이다.

비주얼 아이덴티티 역시 리모와다움을 수립하는 중요한 요소이다. 알루미늄 재질이나 그루브 디자인은 사용자들이 그들만의 스토리를 부여하고 여행 역사를 기록하는 매우 현시적인 바탕이다. 많은 이동으로 인해 가방이 찌그러지거나 흠집이 생기더라도 이를 자신의 흔적으로 받아들인다. 또 트렁크 겉면에 현장성이 담긴 다양한 스티커를 붙임으로써 자신의 여행 역사를 기록하기도 한다. 이 스티커들은 나만의 캐리어를 정의하는 여행 실록(實錄)인 셈이다. 리모와가 단순히 초 고기능으로만 어필하는 것

rimowa.com　　　　　　　　　세계 각 도시를 나타내는 다양한 스티커

이 아니고, 사용자 역시 스타일과 트렌드를 스스로 풍부하게 함으로써 친근하게 화답하는 모양새다. 생산자와 사용자 사이의 호흡이 상당하다.

한편 리모와 트렁크에는 3대(代) 디터 모르스첵(Dieter Morszeck)의 아내에 대한 사랑이 담겨 있다는 점도 특기할 만하다. 살사 · 탱고 · 볼레로(Bolero) 등 남미 댄스를 가리키는 제품명은 남미 출신의 아내에게 사랑을 표현하기 위해 지은 것이라 한다. 2014년에는 보사 노바(Bossa Nova) 컬렉션을 추가하기도 했다.

리모와는 다양한 콜라보를 통해 한정판을 출시하기도 한다. 1976년 리모와는 영화 제작진 · 사진작가 · 리포터의 섬세한 장비를 열대의 습도 또는 극지대의 추위로부터 보호하기 위한 방수 케이스, 트로피카나(Tropicana)를 개발한 바 있다. 이러한 경험에 의해 리모와는 특별한 가치가 있는 스페셜 에디션을 만들고자 추구해왔다. 독일 항공사인 루프트한자(Lufthansa)와 협업한 스페셜 에디션도 있고, 포르쉐(Porsche)의 트렁크 규격에 알맞게 설계된 포르쉐 전용 에디션도 출시했으며, 프리미엄 패딩 브랜드인 몽클레르(Moncler)와 디자인 협업을 진행하기도 했다. 또한 유니세프(UNICEF)를 위한 하트(Heart) 형태의 가방을 제조했으며, 바이올린 연주자 데이빗 가렛(David Garrett)의 스트라디바리(Stradivari) 바이올린을 위한 가방을 만들어주기도 했다.

클래식하면서도 더 나아가 클래식을 재해석한 모던한 디자인, 이에 간결하면서도 빈티지한 감성이 더해지면서 리모와의 헤리티지가 선명하게 드러난다. 이코노미석(席) 여행객이 휴대하기엔 비싼 가격이지만, 부드러운 휠을 밀며 나서면 왠지 전문여행가다운 흥에 취해볼 수 있을 듯하다. 끊임없는 혁신과 장인정신, 그리고 리모와다움을 완성시키는 비주얼 아이덴티티 등이 리모와를 명품으로 만든 내러티브들이다.

NFs: 품질, 차별성, 정체성, 진정성, 품격, 이야기
IPs: 그루브 패턴, JU52, 스티커

9. 리츠 파리 호텔 The Ritz Paris

"세계에서 가장 작은 위대한 호텔"

"리츠 파리(The Ritz Paris)"는 파리 중심부에 있는 호텔로, 세계에서 가장 호화로운 호텔 중 하나이다. 세계 그 어느 호텔도 리츠 파리 호텔과 같은 럭셔리 이미지를 떠올리게 하는 곳은 없다. 다른 어떤 훌륭한 호텔도 설립자인 세자르 리츠(César Ritz: 1850~1918)가 이 호텔을 관리하는 데 정한 기준을 벗어날 수 없다.

스위스의 호텔리어 세자르 리츠는 1888년 프랑스 요리장 오귀스트 에스코피에(Auguste Escoffier: 1846~1935)와 함께 바덴바덴(Baden-Baden)에 레스토랑을 열었다. 1889년, 그들은 런던으로 스카우트되어 사보이(Savoy) 호텔의 초대 매니저와 요리장이 되었다. 세자르 리츠의 지휘 아래 사보이는 대단한 성공을 거두었지만, 1897년 리츠와 에스코피에는

(상) 리츠 파리 호텔의 정면 입구
(하) 호텔 후면의 정원

둘 다 사보이에서 해임되었다. 당시 3,400파운드가 넘는 포도주와 양주가 사라진 사건에 연루되었기 때문이다. 이후 주변의 권유와 도움에 힘입어 세자르 리츠는 1898년 파리에서 옛 그라몬트 호텔(Hotel de Gramont)을 매입한 후 개조하여 새로운 호텔을 설립했다. 리츠 파리 호텔의 출발이다. 그는 자신이 추구하는 호텔의 목표를 이렇게 설정하였다.

"부유한 고객들에게, 마치 왕자가 자신의 집에서 원하는 그러한
모든 세련된 기품을 제공하는 것." ritzparis.com

모든 객실에 풀 세트의 욕실 설치, 가능한 최대 일조량 확보, 최소한의 커튼과 옷걸이만 제공. 세자르 리츠가 요구했던 매우 까다롭고 혁신적인 위생기준이다. 동시에 그는 고객들이 편안함을 느낄 수 있는, 영국이나 프랑스 신사 집의 고풍스런 매력을 호텔 내에 배치했다. 또한 리츠 파리의 단골이었던 프랑스 작가 마르셀 프루스트(Marcel Proust)가 "아무도 당신을 괴롭히지 않는다."라고 말한 것처럼, 상류층 고객들이 가장 민감해하는 사생활을 보호해 주는데도 세심한 노력을 기울였다.

여행가이드북 프로머스(Frommer's)는 리츠 파리를 "유럽에서 가장 위대한 호텔"이라 정의했다. 공용 로비에는 박물관 수준의 골동품이 구비되어 있고, 각 객실은 대부분 루이 14세 또는 루이 15세 시대 복제품들과

ritzparis.com   (좌) 헬스클럽 내의 실내수영장 (우) 세자르 리츠가 직접 정한 복숭아 색 수건

훌륭한 양탄자 · 대리석 벽난로 · 태피스트리 · 황동 침대 등으로 꾸며져 있으며, 욕실에는 독특한 황금 백조 수도꼭지와 복숭아 색의 수건 및 목욕가운이 비치되어 있다. 또한 리츠 파리의 헬스클럽에는 파리 호텔 중 가장 규모가 큰 실내수영장이 있다. 이 수영장은 고대 그리스와 로마의 목욕탕에서 영감을 얻어 만들어졌으며, 수영장 천장의 부조(浮彫)와 제트 기류 및 수중 음향이 특징인 파리 최고의 실내수영장이다.

리츠 파리는 틀림없이 파리에서 가장 비싼 호텔일 것이다. 현재 일반 객실도 하룻밤에 1,000유로에서 출발하며, 스위트룸은 3,000유로에서 시작하여 가장 호화로운 방인 임페리얼 스위트(Imperial Suite)와 코코 샤넬 스위트(Coco Chanel Suite)는 18,000유로가 기본가격이다. 스위트룸 가운데 16개의 프레스티지 스위트는 대부분 한 때 그곳에 머물렀던 저명한 손님들의 이름을 따 명명되었다. 예컨대, 코코 샤넬이 35년간 살았던 188㎡ 크기의 코코 샤넬 스위트는 2개의 침실과 거실로 구성되어 있으며, 옻칠 된 중국식 병풍 · 바로크 양식의 거울 · 퀼팅된 오버사이즈 소파 등이 특징이다.

임페리얼 스위트는 이 호텔의 최고급 스위트룸이다. 그 자체로 프랑스 국가기념물로 등재되어 있다. 218㎡ 크기의 임페리얼 스위트룸은 1층에 위치하고 있으며 침실 2개, 넓은 응접실, 다이닝 룸 등으로 구성되어 있다. 특징적인 것은 베르사유 궁전의 마리 앙투아네트(Marie Antoinette) 침실에 있는 그것과 동일하다고 알려진 네 기둥 침대를 침실에 갖췄다. 이 스위트룸은 이란의 왕에서 조지 H. W. 부시까지 세계에서 가장 권위 있는 손님들이 묵었으며, 1940년 여름 제2차 세계대전 당시 헤

ritzparis.com

(상) 마리 앙투아네트의 침대가 있는 임페리얼 스위트 침실. 다이애나와 도디가 마지막 밤을 보냈던 방이다.

(하) 코코 샤넬이 35년 동안 자기 집처럼 지냈던 스위트룸이다. 의미는 없지만, 현재 시세인 하루 18,000유로(약 2,500만 원)로 35년간의 방값을 계산하면 원화로 3,000억 원이 넘는다.

르만 괴링(Hermann Göring)이 리츠 파리에 나치 독일의 공군 본부를 설치한 후 이 스위트룸을 자신의 주거지로 선택하기도 했다. 임페리얼 스위트의 가장 극적인 손님은 영국의 황태자비였던 다이애나 스펜서(Diana Frances Spencer: 1961~1997)와 그녀의 연인 도디 알 파예드(Dodi Al Fayed: 1955~1997)이다. 20세기의 가장 큰 비극 중 하나가 이 방에서 시작되었다. 1997년 8월 31일 일요일 이른 시간에 그녀의 운전사는 그들이 오토바이를 타고 그들을 쫓는 파파라치들을 피하려다 알마 터널(Alma tunnel) 내 벽을 들이받았다. 이 스위트룸은 사고가 있기 바로 전 마지막 식사를 한 곳이었다. 리츠 파리는 도디 알 파예드의 아버지 모하메드 알 파예드(Mohammed Al Fayed)가 1979년 2천만 달러에 매입한 이후 10년 동안 총 2억 5천만 달러를 들여 오늘날의 초호화 호텔로 개조했었다.

찰리 채플린(Charlie Chaplin) · 장 폴 사르트르(Jean-Paul Sartre) · 스콧 피츠제럴드(Scott Fitzgerald) · 어니스트 헤밍웨이(Ernest M. Hemingway) · 에드워드 7세(King Edward VII) · 코코 샤넬(Coco Chanel) 등. 리츠 파리 호텔에는 전설적이고 충성스러운 단골 투숙객들이 넘치도록 많다. 헤밍웨이가 단골이었던 "리틀 바(Little Bar)"는 "헤밍웨이 바(Hemingway Bar)"로 개칭되기도 했다. 유럽 귀족들과 금융계 · 정치계 인사, 유명 예술가들에게 이상적인 만남의 장소였다. 이란, 스페인, 스웨덴, 포르투갈의 왕들은 필요한 시기에 리츠 파리에 은신하기도 했다.

부와 사치의 상징이라는 지위 때문에 리츠 파리는 많은 소설 작품들에 출연했다. 또한 이 호텔은 몇 편의 영화에도 출연했는데, 그 중 세 편에서 오드리 헵번(Audrey Hepburn)이 주연을 맡았다. 1957년의 영화 "하오

오드리 헵번과 피터 오툴이 주연한 "백만 달러 훔치는 법"의 장면이다.
(상) 헵번이 형편없는 사람으로 알았던 오툴을 숙소에 데려다 주는 장면. 집이 어디냐고 묻자 "리츠"라고 하자 당신이 어떻게 그런 데 묵느냐는 듯 헵번이 놀라고 있다.
(하) 리츠 파리의 바에서 헵번과 오툴이 만나는 장면.

의 연정(Love in the Afternoon)"에서 헵번은 스위트룸 14호실에서 게리 쿠퍼(Gary Cooper)와 로맨스를 시작하였는데, 영화의 상당 부분이 그곳에서 촬영되었다. 또 1966년의 영화 "백만 달러 훔치는 법(How to Steal a Million)"에서도 헵번은 지방시의 까만 레이스 아이마스크(eyemask)와 그에 어울리는 칵테일 드레스를 입고 리츠 파리의 호텔 바에서 피터 오툴(Peter O'Toole)과 로맨틱한 장면을 연기한 바 있다.

리츠 파리는 21세기 세계에서 가장 호화롭고 파리에서 가장 비싼 호텔 중 하나로 손꼽힌다. 유럽 최고의 호텔이자 세계에서 가장 유명한 호텔 중 하나인 리츠 파리는 이목을 끄는 역사적 사건, 루이 14세 말기 고전 건축의 걸작인 궁전 건물, 수많은 셀럽과 그들의 이야기, 엄격한 기준과 최고의 품격이란 내러티브들에 의해 작지만 위대한 호텔이 되었다.

NFs: 품질, 차별성, 정체성, 품격, 이야기, 셀럽

IPs: 임페이얼 스위트, 코코 샤넬 스위트, 다이애나, 헤밍웨이 바, 오드리 헵번

10. 마이센 MEISSEN

"시누아즈리(chinoiserie)를 넘어선 유럽 최초의 자기(瓷器)"

　16세기 말에 새로운 항로가 개척된 후 유럽인들은 인도·중국·일본의 문물을 접하기 시작했다. 그 가운데 17세기부터 본격적으로 들여온 중국 징더전(景德鎭)제(製) 자기는 유럽의 왕실과 귀족들을 매료시켰다. 황금보다 귀해 "화이트 골드"라 불린 중국 자기는 부와 권력의 상징이 되었고, 이 백색 황금에 대한 열광은 시누아즈리(chinoiserie: 중국적 취향)라는 새로운 양식을 낳았다.
　자기(瓷器)는 고령토(高嶺土)로 성형하여 1300℃ 이상의 온도에서 구운 용기를 말한다. 진흙으로 빚어 구운 도기(陶器)에 비해 강도가 높고 더 얇을 수 있으며 물이 스며들지 않는다는 점에서 탁월하다. 게다가 청자에 비해 백자는 1300℃ 이상의 온도라야 만들어지기 때문에 더욱 고급의 기술이 필요하다. 물론 유럽의 왕실과 도공들도 이 보석보다 값비싼 백자를

(좌) 프리드리히 아우구스트 2세 (우) 현재의 마이센 공방

만들고자 했지만, 18세기 초까지 중국 백색 자기의 제조 비밀을 알지 못했다.

고령토와 1300℃ 온도라는 비밀은 1709년에 봉인이 풀렸다. 도자기 소유에 쓰이는 지나친 비용문제를 타개하고자 자기 제조에 관심을 갖고 있던 작센(Saxony) 공국의 군주 프리드리히 아우구스트 2세(Friedrich August Ⅱ: 1694~1733)는 연금술사 요한 프리드리히 뵈트거(Johann Friedrich Böttger, 1682~1719)에게 자기 제작의 왕명을 내렸고, 그는 마침내 1708년 1월 15일 최초의 유럽 백자 제조에 성공했다. 그리고 1710년 6월 6일, 아우구스투스 2세는 엘베강 유역 작은 마을 마이센(Meissen)에 최초의 유럽 도자기 공방을 설립했다. 유럽 최초의 자기 브랜드, 마이센

(MEISSEN)의 시작이다.

    자기(瓷器)제조의 비밀이 조금씩 알려지게 되자 여기저기서 마이센의 모조품이 쏟아졌다. 이에 1722년, 공방의 초대 검사관이 진품성을 보증하기 위해 무언가 표시하도록 요구하면서 자신의 외투 팔 부분에 새겨진 문양을 제안했다. 이때 채택된 마이센의 상표가 바로 "교차쌍검(Crossed Swords)"이며, 1875년 공식 등록되면서 유럽에서 가장 오래된 상표가 되었다. 이 상표는 지금도 전문 화가(swordsmen)에 의해 마이센 자기 하나하나에 수작업으로 새겨져 마이센의 품질과 장인정신을 보증하고 있다.

    오늘날까지 마이센에만 존재하는 풍부한 디테일, 독창적인 디자인, 빛나는 색상 등 타의 추종을 불허하는 창조적인 특징이 가능하게 된 것은 장인정신과 전통의 보존에 의해서이다. 마이센은 품질을 보장하기 위해 도자기 점토 생산부터 가마까지의 모든 생산 단계를 하나의 장소에서 수행한다. 그리고 그 최종 결과가 바로 300년 동안 생산되어온 세계 최고의 정교한 수공예품이다. 원재료에 형태와 색을 부여하는 것은 오직 인간의 손에 달려 있다.

> "수공예의 기본은 모든 예술가들에게 필수적입니다. 창의성의 일차적 원천이 거기에 있습니다."
> meissen.com

    마이센 공방은 1720년부터 자체 도료(塗料)실험실을 운영하고 있다. 오늘날, 마이센의 도자기 화가는 300가지 색상의 표준 레퍼토리를 활용할 수 있다. 이 색상은 마이센 도자기의 모든 뉘앙스를 완벽하게 재현할 수

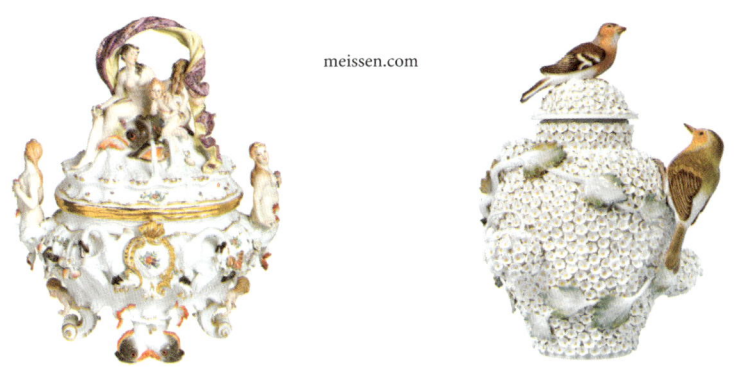

(좌) 스완 서비스 모양의 스프그릇 (H 54cm) (우) 스노우 블러섬 장식의 화병 (H 29cm)

있게 해준다. 하지만 이는 마이센 도료실험실의 거의 10,000개의 도료 공식 중 일부에 지나지 않으며, 지금도 정확한 공식을 접할 수 있는 마이센 직원은 극소수에 불과하다.

마이센이 걸어온 길은 고유하고 특별한 장식 모티브를 탄생시켜온 역사이다. 그 가운데 가장 유명한 것이 백조와 눈꽃이다. 백조는 장식적인 요소들의 중심 모티브를 형성하며, 밑받침뿐만 아니라 조각적인 요소와 그릇 모양으로도 사용된다. 1737년부터 시작된 백조라는 모티브는 시각적으로 놀라운 형태와 호화로운 부조(浮彫)에 스며들어 "스완 서비스(SWAN SERVICE)"라는 테이블웨어 컬렉션을 이룬다. 한편 1739년 창조된 "스노우볼 블러섬(Snowball Blossoms)"은 마이센의 가장 중요한 장식 모티브 중 하나이다. 당시엔 시누아즈리라는 중국적 취향을 넘어서 화려함과 현란함으로 얘기되는 로코코 취향의 유럽풍을 추구했는데, 눈꽃이라는 고유 모티브는 이러한 예술적 변화를 반영하는 것이다.

요한 요아힘 카엔들러(Johann Joachim Kaendler)의 진보적인 사상, 요한 그레고리오스 회롤트(Johann Gregorius Höroldt)의 실험 정신, 폴 슐리히(Paul Scheurich)의 엉뚱한 스타일. 마이센의 이 위대한 예술가들은 마이센의 아이콘들을 탄생시켰으며, 이는 극도의 정밀함과 디테일에 주의를 기울여 마이센의 특별한 컬렉션으로 다시 태어나고 있다. 테이블웨어에서의 대표적인 두 가지 컬렉션만 보자.

먼저 1745년경 만들어진 "뉴 컷아우트(New Cutout)" 테이블세트는 중국 패션을 모방하는 데서 벗어나 바로크식 취향을 만족시킨 새로운 디자인과 패턴으로 완성된 것이다. 여기엔 마이센 역사상 가장 성공적인 패턴이라 할 "츠비벨무스터(Zwiebelmuster: 양파꽃무늬, Onion Pattern)"와 "마이센 로즈(Meissen Rose)"가 아로새겨져 있다. 1731년 탄생한 어니언 패턴은 당시 주로 파란색이었던 동아시아 패턴에서 영감을 받아 만들어진 것이며, 이후 가장 많이 도용된 디자인기도 하다. 패턴의 "어니언"은 사실 양파가 아니라 복숭아와 멜론과 대나무 줄기와 섬세한 국화꽃 등인데, 18세기 양식화된 시각을 가진 장인들이 양파라고 오인한 것이다. 한편 마이센 로즈는 마이센 도자기 위에 자줏빛 중심이 우아하게 얽혀 있는 분홍색과 흰색의 장미를 말하는 패턴이다. 자기 위에 꽃을 피우는 식물을 묘사한 것은 동아시아 도자기 예술의 영향을 많이 받았던 마이센 공방 예술의 초기 흔적을 보여준다. 이후 자기 위에 그려진 꽃그림은 그 자체가 하나의 장르로서 오랜 전통을 갖고 있는데, 마이센 로즈는 그중 가장 대표적인 꽃그림이다. 마이센은 어니언 패턴과 마이센 로즈 뿐 아니라 많은 다양한 디자인 패턴을 유산으로 가지고 있다.

Onion Pattern(①)과 Meissen Rose(②)가 새겨진 〈New Cutout〉 컬렉션
Strewn Flowers가 새겨진 Royal Blue Gold Bronze(③) 및
Gold Bronze(④)의 〈B-Form〉 컬렉션

한편 1844년에서 1855년 사이에 만들어진 "B 형식(B-Form)"이란 양식의 특징은 르네상스·바로크·로코코 시대와 앞선 시대의 요소들이 자유분방하게 결합되어 있다는 점이다. 왕실 블루 컬러와 정교한 부조(浮彫), 그리고 화려한 금 코팅의 마감이 돋보이는 B-Form 세트는 유럽 외식문화의 걸작이며, 부와 지위를 과시하려는 그 시대 부르주아지의 욕망을 정확하게 드러낸다. "B"는 마이센 보관소에 있는 오리지널 주형 번호에 대한 코드였다.

제조법 뿐 아니라 디자인 패턴과 색채 등에서 원형적 기준을 세운 유럽 최초의 자기, 마이센. 최고의 품질을 낳은 장인정신, 새로움을 위한 끊임없는 실험정신, 300년간 전통을 재해석해오는 진정성, 욕망을 만족시켜준 화려함과 세밀함이 마이센의 신화를 가능케 한 내러티브들이다.

다양한 디자인 패턴: (1) Onion Pattern Style (2) Meissen Rose (3) Strewn Roses (4) Indian Flower Branches (5) Ming Dragon (6) Royal Palace (7) MEISSEN swords (8) Wild Poppy (9) Noble Blue (10) Strewn Flowers

NFs: 품질, 차별성, 정체성, 진정성, 품격, 이야기

IPs: 교차쌍검, 스완 서비스, 스노우볼 블러섬, 어니언 패턴, 마이센 로즈

11. 몰스킨 MOLESKINE

"이 작은 수첩은 언제나 나보다 크다."

MOLESKINE
moleskine.com

몰스킨은 원래 벨벳 모양의 보풀을 일게 하여 부드러운 감촉을 내게끔 짠 면직물을 말한다. 이 부드러운 느낌 때문에 특히 수첩이나 노트의 커버 내지 케이스 등에 많이 사용되었다. 애초 1800년대부터 프랑스 파리의 문구 공방(工房)들에서 어느 정도 두툼한 미색의 속지와 검은색 양가죽 커버, 그리고 수첩 전체를 둘러 고정시켜주는 고무 밴드를 특징으로 하는 수첩을 만들었다. 나중엔 비용 문제로 양가죽 대신 기름을 먹인 몰스킨 원단을 사용했다. 당시 많은 공방에서 제작된 검고 투박한 이 수첩엔 특별한 이름이 없었으나, 사람들은 그 외피의 재질로 인해 통상 몰스킨이라 불렀다.

그즈음 파리는 문화예술의 선구적 도시였기에 많은 명사들이 드나들었고, 파리 어디서나 쉽게 구할 수 있었던 몰스킨 수첩은 자연스레 그들의 창작노트가 되었다. 오스카 와일드, 빈센트 반 고흐, 어네스트 헤밍웨이, 파블로 피카소 등 당대 최고의 예술가들이 애용했던 유서 깊은 몰스

festivaldellegenerazioni.it

마리아 세브레곤디

킨 수첩은, 그러나 1980년대에 이르러 기록이나 창작의 기반이 디지털화되면서 서서히 사라져 갔다.

  뜻밖에도 이 구시대의 유물은 1990년대 중반에 부활했다. 영국의 여행작가 브루스 채트윈(Bruce Chatwin: 1940~1989)은 1987년 출간한 여행기 『송라인(The Songlines)』에서 간략하게 몰스킨 수첩을 묘사한 바 있었는데, 밀라노의 디자이너 마리아 세브레곤디(Maria Sebregondi)가 이 책을 읽으면서 몰스킨 수첩 이야기에 흥미를 가졌다. 그녀는 모도앤모도(Modo & Modo)라는 회사를 찾아가 몰스킨의 복원을 제안했고, 이 회사는 예전에 몰스킨을 생산했던 공방을 수소문해 제작정보를 파악한 후 마침내 1997년 "몰스킨"을 특정한 상표로 등록하며 복원했다. 다만 장소는 프랑스가 아닌 이탈리아였다.

moleskine.com

몰스킨 노트

    복원된 후나 복원되기 이전이나 몰스킨은 결코 고급품이 아니다. 그저 간단하고 단순한 수첩이자 노트일 뿐이다. 대단한 장식이나 탁월한 기능이 있는 것도 아니다. 하지만 지금 몰스킨은 분명 명품 브랜드이다. 1997년에 다시 태어난 몰스킨은 우선 프랑스산 몰스킨이 간직하고 있던 지성인이나 예술가 같은 거장의 이야기를 소환했다. 헤밍웨이가 바다 건너로 송고할 기사의 초고를 여기에 썼다거나 실제 반 고흐 미술관에 고흐가 스케치를 남긴 일곱 권의 몰스킨이 전시되어 있다는 등의 이야기는 여전히 몰스킨과 한 몸이다. 여기에 겉표지·속지·고무밴드의 세 요소를 재현했다. 이 상징적 외양은 몰스킨의 몰스킨다움을 인지시키는 강렬한 비주얼 아이덴티티이다. 그리고 이 위에 현란한 내러티브를 덧붙였다. 첫째, "아직 쓰이지 않은 책"이라는 슬로건을 걸고 빈 노트에 고유 국제표준도서번호(ISBN)를 새긴 다음 문구점이 아닌 서점에서 판매했다. 둘째, "손글씨"라는 추억을 제안했다. 디지털시대에 이는 분명 억지이긴 했지만, 이 아날로그는 "전설적인 노트(The Legendary Notebook)"라는 슬로건과 함께 아주 쉽게 수긍되었다. 셋째, 거장들의 창작 온실로서의 역할을 재주문하였다. 창의적 사고를 기록하고 그려내는 장으로 삼으라는 것이다. 지금도 전 세계로부터의 오마주들이 쉴 새 없이 새겨지고 있다. 예전에 채트윈은 몰스킨을 구입하면 첫 장에 자신의 이름과 주소 및 분실 시 찾아주면 지급할 사례금을 적어놓곤 했는데, 이 "분실 보상"을 계속 유지하는 것도 창의의 가치가 얼마나 중요한지를 일깨우는 것이다.

수첩을 사용한다는 행위 자체는 아날로그지만, 그 사이에 자신이 거장의 이미지와 겹쳐지는 체험을 한다. 회사는 2세기가 넘도록 사상가와 예술가들이 써온 전설적 노트의 후계자를 자처하고, 고객은 동조하며 연

마이 몰스킨에 게시된 표현물

대한다. 서로가 손해 볼 것 없는 원원의 협업이다. 이것은 상품이 아니고, 파는 것은 철저하게 "경험"이다. 내가 이 몰스킨을 구매하는 동기는 니즈가 아니고 온전히 경험이다. 동종에 비해 대략 8배 정도 비싼 가격은 바로 이 제공된 경험에 대한 보상이다. 그래서 사실상 몰스킨의 업종은 제조업이 아니라 서비스업이다.

　기록할 필요가 전혀 없을 것 같은 천재 셜록도 몰스킨 수첩에 사건 기록을 적는다. 게다가 이러한 "메모의 힘" 정도를 넘어 몰스킨은 사람들이 스스로를 표현하는 플랫폼이 되도록 한다. 몰스킨의 홈페이지엔 "마이 몰스킨(myMOLESKINE)"이라는 섹션이 있는데, 몰스킨 사용자들은 이곳에서 자신들이 몰스킨 노트에 그린 작품을 공유한다. 몰스킨에 표현된 작품은 몰스킨 외에는 표현할 곳이 마땅치 않았던 한 두 세기 전의 저 궁색한 거장들의 작품과 또 한 번 겹친다. "쓰이지 않은 책"에 자신의 "창조적 열망"이 기록됨으로써 몰스킨은 "수첩 이상의 것"이 된다. 몰스킨이 조성한 가상의 생태계 안에서 거장의 전설에 대한 추종 및 그들과 같은 창조에 다가서고자 한 열망이 "몰스키너리(Moleskinerie)"와 같은 팬덤을 만들었고 마이 몰스킨이란 플랫폼을 구축한 것이다.

　몰스킨은 매우 단순하기 때문에 변용이 쉽지는 않다. 그럼에도 불구하고 다양한 시도를 해오고 있다. 여러 회사들과 협업한 한정판을 출시하고 있는데 예쁜 디자인으로 주목을 받는다. 음악 · 음식 · 와인 · 요리법 · 영화 등에 대한 열정을 담을 수 있는 새로운 라인으로서 다양한 "몰스킨 패션 저널(Moleskine Passions Journals)"이란 특정 목적 노트도 내놓았다. 또 도시별 지도가 담긴 가이드북 시리즈 수첩으로 "몰스킨 시티 노트"도 제공하고 있다.

imgur.com

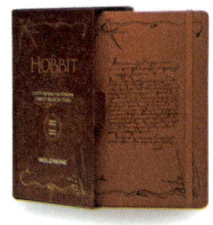

호빗(HOBBIT)
리미티드 에디션

"모든 몰스킨 노트는 환경 친화적인 제품을 만들기 위해 중성지를 사용합니다. 몰스킨 제품 포장은 반드시 필요한 정도로만 최소화하고 대부분은 재사용할 수 있도록 디자인합니다. 또한 몰스킨은 환경보호와 비영리단체 지원, 젊은 아티스트 후원과 국가유산 지원사업 등으로 사회적 책임을 다하기 위해 노력하고 있습니다."

moleskine.com

몰스킨은 회사에서 만든 제품과 회사의 업무 수행 방법이 윤리적 목표와 반드시 일치해야 한다고 생각한다. 사회공헌에도 충실히 임한다. 몰스킨 재단(The Moleskine Foundation)은 특히 사회변혁을 위한 혁신교육과 예술문화 옹호 등을 중점적으로 지원하고 있다.

몰스킨은 광고를 거의 하지 않으며 대개 위대한 사람들이라 부르는 고객들의 자기표현을 게재하고 전시하면서 브랜드의 메시지를 전파한다. 수첩 혹은 노트라는 영역 내에서의 품질은 최고를 지향하고 구현한다. 아날로그적 경험이란 정체성과 일관된 비주얼 아이덴티티가 오늘도 몰스킨을 전설적인 수첩이게 만드는 내러티브들이다.

NFs: 품질, 차별성, 정체성, 진정성, 사회공헌, 이야기, 셀럽, 팬덤
IPs: 마이 몰스킨, 몰스키너리, 분실 보상

12. 몽블랑 MONTBLANC

"모든 사람은 자신만의 발자취를 남길 수 있다."

알프스 산맥에서 가장 높고 웅장한 산, 몽블랑(Mont Blanc)은 프랑스어로 하얀 산이라는 뜻이다. 1900년대 초 프랑스는 품격 있는 고급스러움의 고장으로 통했다. 당시 몇몇 독일인들이 "고품격 만년필 제작"이라는 차별화된 목표를 내걸고 회사를 차렸을 때 브랜드 이름을 독일어가 아닌 프랑스어 명사를 택한 것은 그 때문이다.

1906년, 함부르크 출신의 은행가 알프레드 네헤미아스(Alfred Nehemias)와 베를린 출신의 엔지니어 아우구스트 에버스타인(August Eberstein)이 미국여행에서 만년필의 편리함을 보고 돌아와 짐플리치시무스(simplicissimus: 영어로 simplest의 뜻) 만년필을 제조하는 공방을 차렸다. 곧 세 명의 투자가가 추가로 합류하였고, 1909년 드디어 "몽블랑"이라는 사명(社名)이 확정되었으며 잉크가 새지 않는 안전한 만년필 "루즈

몽블랑의 초기 광고
왼쪽부터 1912, 1935, 1949년

에 느와르(Rouge et Noir)"가 시장에 첫 선을 보였다. 이 품명 역시 스탕달(Stendhal)의 소설 『적과 흑(Le Rouge et le Noir)』의 프랑스어 원제에서 따왔는데, 잉크가 새지 않는다는 장점 때문에 독일에서 큰 인기를 끌었다. 1913년에 몽블랑의 화이트 스타가 브랜드 로고이자 상표가 되었다.

    지금 우리가 알고 있는 몽블랑은 훌륭한 만년필 브랜드지만 기술적으로 최초는 아니다. 만년필 기술과 시장의 원조는 미국이며, 또한 제2차 세계대전을 겪으며 독일에서의 생산마저 순조롭지 못했다. 게다가 필기류의 세상은 크게 변했다. 1959년 프랑스에서 빅 크리스털(Bic Crystal) 볼펜이 출시되면서 만년필 업계는 지반 자체가 흔들리게 되었다. 싸고 효율적인 볼펜의 대세를 몽블랑을 비롯한 만년필 제조사들은 감당할 수 없었다. 당시 많은 만년필 제조사들은 자연스럽게 볼펜을 제조하기 시작했다. 한 때 몽블랑도 볼펜이란 신기루를 기웃거렸지만, 다시 기본으로 되돌아갔다. 1977년부터 애매한 상품군을 정리했고, 1987년엔 저가 만년필 라인을 해체하고 브랜드의 고급화를 추진했다. 세상이 평안해지고 경기가 풀리자 사람들은 다시 고가의 브랜드 제품을 찾기 시작했다. 몽블랑이 최초의 만년필은 아니었지만 만년필다운 만년필을 최후까지 고수한 브랜드였으며, 결국 고급 만년필이라는 상징적 이미지를 구축하게 되었다. 고급화와 볼펜화의 기로에서 명품 쪽을 택한 가장 주요한 이유는 품질에 대한 자신감이었다. 몽블랑의 만년필은 독일의 기술이 만든다. 독일제가 암묵적으로 표방하는 묵직한 내구성과 심혈을 기울이는 장인정신을 믿었기에 리스크를 감수하면서 돌파했던 것이다. 지금도 만년필은 하청 없이 독일의 함부르크에서만 생산하는데, 한 자루의 몽블랑을 대략 20~40년 간 숙련된 장인이 약 6주 이상의 시간을 소요하여 150여 개의 단계를 거쳐 완성해낸다.

> "화이트 스타의 형태는 유럽에서 가장 높은 산인 몽블랑의 눈 덮인 봉우리를 형상화한 것으로, 최상의 품질과 유럽의 전통 장인 정신을 구현하기 위한 몽블랑의 열정과 헌신을 고스란히 반영하고 있습니다." montblanc.com

기술적 완성 이외에 몽블랑이 남성용 고가 사치품에 집중하면서 또 하나 유념한 것은 고객에 대한 통찰이었다. 제품 안에 담겨진 의미, 한정판이 불러일으키는 강력한 수집욕, 성취감을 동조시키는 높은 가격 등이 품질에 더해지니 몽블랑은 자신의 위치와 가치를 말해주는 표징이 되었

마이스터스튁 149의 닙에는 골드와 플래티넘이 적용된 투 톤 컬러에 아르누보풍의 장식이 새겨져 있다.
"4810"은 몽블랑산(山)의 높이, 몽블랑 스타 안의 "M"은 몽블랑, "Au 750"은 금(Au는 금의 원소기호) 75% 즉 18K, 아래 "원형 기호"는 18K에 대한 귀금속 보증마크를 각각 뜻한다.

다. 유명 인사들이 두루 몽블랑 만년필을 쓰면서 몽블랑의 제품은 "성공의 아이콘"으로 인식되었다. 심지어 성공이란 목표를 설정하곤 몽블랑을 구매하여 의지를 다지기도 한다.

 몽블랑의 몽블랑다움을 굳힌 것은 전설적인 만년필 "마이스터스튁(Meisterstück: 영어로 Masterpiece의 뜻) 149"이다. 최초의 마이스터스튁은 수공으로 제작된 닙(nib: 펜촉)을 기반으로 1924년에 만들어졌고, 1952년에 이르러 마이스터스튁 149가 출시되었다. "149"에서 "1"은 마이스터스튁 시리즈, "4"는 피스톤 필러(Piston Filler: 충전 가능 잉크통) 방식, "9"는 닙의 크기를 나타낸다. 몽블랑 마이스터스튁 149가 유명해진 이유는 제품의 완성도 뿐 아니라 역사적인 순간마다 이 만년필이 빠짐없이 등

magazine.hankyung.com

"제 펜을 사용하시겠습니까?"
케네디 대통령이 아데나워 수상에게
"마이스터스튁 149"를 빌려주는 장면

장하기 때문이기도 하다. 1990년 동서 독일의 통일 조약 서명에 사용되거나 1963년 미국의 케네디 대통령이 독일과 프랑스 우호조약 서명식에서 필기구가 없어 곤란해 하는 독일의 아데나워 수상에게 자신의 "독일제" 마이스터스튁 149 만년필을 빌려주는 장면들이 전파를 탔다. 박경리 작가도 선풍기 한 대와 몽블랑 마이스터스튁 149로 『토지』를 완성했다고 언급한 바 있다.

    마이스터스튁 149의 핵심은 닙이다. 닙의 품질과 모양은 만년필의 필기감을 결정한다. 그만큼 고품질의 닙을 만들기 위해서는 고도로 정교한 작업이 필요하다. 장인들의 정밀한 수작업에 의해 무려 200단계가 넘는 과정을 거쳐 완성된다. 특히 몽블랑은 닙의 마모를 막기 위해 닙 끝부분에 백금속인 이리듐을 사용한다.

    몽블랑은 또한 다양한 한정판을 통해 새로운 가치를 만들어낸다. 1992년부터 "어니스트 헤밍웨이(Ernest Hemingway)" 에디션(1992)·"아

pinterest.co.kr　　　　　　　　　quillandpad.com

몽블랑 리미티드 에디션
(좌) $256,000을 호가한 "Prince Rainier III Limited Edition 81"
(우) "Montblanc Celebration of the Taj Mahal 76"

가사 크리스티(Agatha Christie)" 에디션(1993)·"알렉산드르 뒤마(Alexandre Dumas)" 에디션(1996)·"세르반테스(Cervantes)" 에디션(2005) 등 "작가 에디션"을 출시하였다. 또한 매년 선정된 문화예술 후원자의 이름으로 몽블랑은 "문화예술 후원자상 에디션" 만년필을 출시하고 있다. "로렌조 드 메디치(Lorenzo de Medici)" 에디션(1992)·"엘리자베스 1세(Elizabeth I)" 에디션(2010)·"가이우스 메세나(Gaius Meacenas)" 에디션(2011) 등이 그것이다. 한정판의 닙에는 고유의 문양을 새겨 넣고 있으며, 한정 수량 제작 후에는 무늬를 새기는 스탬핑(Stamping) 형판까지 파기시켜 버림으로써 차별화를 완성한다. 한정판에 대한 수집열은 그대로 팬덤을 이룬다.

몽블랑은 사회공헌에도 적극 참여한다. 1986년 문화예술 분야에 대한 범세계적 공헌 활동을 시작한 이래, 2004년 명사들의 의견이 담긴 글과 각자의 서명이 새겨진 마이스터스튁 149 만년필을 경매로 판매한 후 유니세프에 전달함으로써 함께 문맹 퇴치 캠페인을 벌였고, 2009년엔 "선의를 위한 서명(Signature for Good)" 컬렉션의 총 수입 중 10%를 유니세프 교육 프로그램에 기부하기도 했다. 몽블랑 문화재단(Montblanc Cultural Foundation)은 1992년 이래 클래식 음악과 현대미술 관련 프로젝트를 후원해오고 있다.

제품군이 가죽류와 시계류로 다양해졌지만, 지금도 몽블랑은 만년필을 연상시키는 브랜드이다. 디지털 세상에서 전혀 실용적이지 않은 만년필로 명품 브랜드 이미지를 구축하고 있다는 점에 실로 특별한 힘을 느낀다. 장인정신이 만들어낸 품질, 일관성과 정통성, 아날로그적 감성, 한정판이 주는 희소성 등이 그 힘을 가능케 한 내러티브들이다.

NFs: 품질, 차별성, 정체성, 진정성, 품격, 사회공헌, 셀럽, 팬덤
IPs: 화이트 스타, 4810, 마이스터스튁 149

13. 미니 MINI

"작은 것은 이름뿐이다."

한 세기를 넘어서까지 "세기의 유럽차"라는 명성을 이어가고, 전 세계 누적 500만 이상의 생산대수를 기록하는 최장수 모델. 등장부터 획기적인 패러다임의 기술력으로 놀라움을 주었고 반세기 넘은 지금도 강력한 성능을 뽐내고 있는 이 차는 "미니(MINI)"다.

미니의 역사는 1950년대 영국의 유류 파동으로부터 시작된다. 그리고 이 위기를 극적으로 돌파하여 미니라는 불후의 명작을 탄생시킨 역사적 인물이 있었으니, 바로 세계적인 자동차 디자이너 알렉 이시고니스(Alec Issigonis: 1906~1988)이다. 당시 영국은 제2차 세계대전의 여파와 1956년 이집트의 수에즈운하 국유화 조치 및 제2차 중동전쟁까지 더해지면서 원유 공급이 원활치 않고 유가가 폭등하자, 값싸고 실용적인 소형차가 요구되던 때였다.

이런 분위기를 지켜보던 영국 최대 자동차회사인 브리티시 모터 코

퍼레이션의 레너드 로드(Leonard Lord) 회장은 이 난국을 타개할 세계 최고의 소형차를 개발하기로 한다. 1957년, 로드 회장은 알렉 이시고니스를 영입해 다음과 같은 소형차를 제작해 달라고 주문했다.

> "과제: 작은 차체, 넓은 실내, 4인승 좌석, 흠잡을 데 없는 운전 특성, 우수한 연비, 그리고 매우 저렴한 가격." mini.com

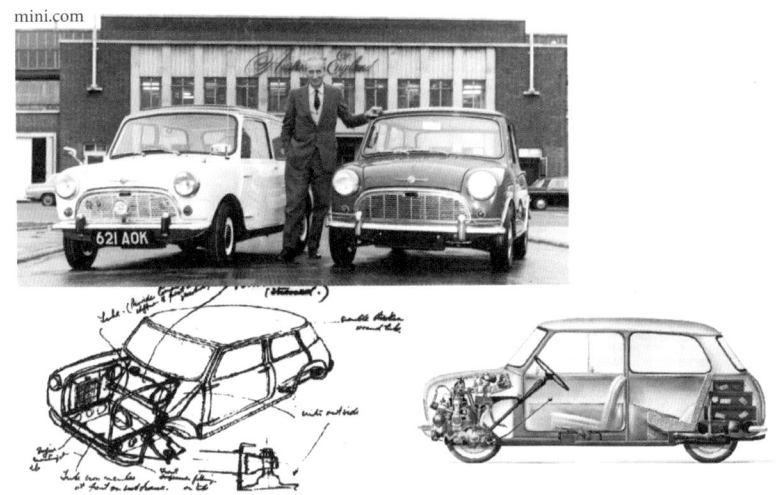

(위) 알렉 이시고니스와 1959년 최초의 미니
(아래 좌) 최초의 미니 생산 이전 이시고니스가 직접 스케치한 도면(1958년)
(아래 우) 첫 출시 전 미니의 단면도

이시고니스는 이를 위해 계기판·외장 패널·유리창 손잡이, 심지어 문손잡이까지 없애버리는 미니멀 디자인을 완성했고, 실내 공간을 최대한 늘리기 위해 당시 당연시되던 엔진의 세로 배치를 가로로 바꿔버리는 신기원을 이루며 전륜구동으로 설계했다. 1959년에 출시된 이 혁신적인 소형차는 오스틴 세븐(Austin Seven)과 모리스 마이너(Morris Minor)라는 두 가지 이름으로 불리다가 1969년부터 하나로 통일해 미니라고 부르게 되었다. 미니어처(Miniature)같은 소형차라 해서 이름이 "미니"가 되었다. 이것이 바로 클래식 미니의 시작이다. 이시고니스가 만들어낸 결과는 단순한 경제적인 차 이상의 것이었다.

그때까지 출시된 어느 소형차보다도 작은 3,050mm의 길이와, 어른 넷에 짐을 실을 수 있는 충분한 공간은 가히 소형차의 혁명이라 할 수 있었다. 이 혁명이 몰고 온 미니 열풍은 회사뿐 아니라 영국의 위상도 높여주었다. 미니 덕분에 알렉 이시고니스는 영국 왕실로부터 1969년에 기사 작위까지 받았다. 미니의 성장은 유류 파동이 끝난 후에도 계속되어 "자

pixbay.com　　　　　　　　　　　　　　　그린 로버 오스틴 미니 쿠퍼

유로운 60년대(Swinging Sixties)"를 상징하는 하나의 문화 아이콘이 되었다.

바퀴를 차의 바깥 사각의 가장자리에 맞추면서 혁명적인 고카트(Go-kart: 잔디 깎는 기계에서 아이디어를 얻어 만든 간단한 구조의 작은 경주차) 느낌을 살렸고, 엔진을 가로 배치함으로써 차량 내부 공간의 80%를 승객이 사용할 수 있게 했다. 믿기 어려울 정도로 작은 차를 구현하기 위해 콤팩트한 단일 구조로 장착한 엔진과 기어박스의 설계 등은 "형태는 기능을 따른다.(Form follows function.)"라는 원칙을 충실히 이행한 결과이다. 그리고 이 원칙은 지금까지 미니의 철학이기도 하다. 1959년 출시 당시 미니가 일으킨 충격은 상상을 초월했고, 이 경이는 오롯이 이제까지의 모든 규범을 타파한 데로부터 이룩된 것이었다. 이로부터 애초의 의도와 달리 미니는 실용성이나 편의성 때문에 사는 차가 아니게 됐다. 클래식카 고유의 DNA를 가진 미니는 가장 영국적이면서 유럽의 멋을 제대로 담은 차다. 클래식한 미니의 기본적인 형태는 2001년 신형 미니가 출시되기 전까지 40여 년이 넘도록 그대로 유지되었을 뿐만 아니라 신형 1세대부터 3세대 미니까지 진행되는 동안에도 여전히 이어지고 있다. 원형 헤드램프와 모자를 쓴 듯 떠 있는 지붕 디자인, 미니만의 고카트 느낌을 전과 같게 간직하고 나아가 과거로의 회귀를 표방하면서 클래식 미니의 디자인적 요소들을 그대로 반영하고 있다.

미니의 DNA와 정체성을 말할 때 존 쿠퍼(John Cooper: 1923~2000)라는 레이서를 거론하지 않으면 안 된다. 그는 미니를 재정의한 사람이다. 존 쿠퍼에게 클래식 미니는 단순히 경제적인 자동차가 아니었다. 레

mini.com　　　1965년 몬테카를로 랠리에서 우승한 미니 쿠퍼 S의 역주하는 모습

이서인 그에게 클래식 미니의 디자인은 코너 주행에서 높은 속도를 내는 데 최적화된 요소였다. 그는 이시고니스를 설득해 클래식 미니를 랠리용으로 개조해 "미니 쿠퍼 S"를 발표했고, 1964년 몬테카를로 랠리에 나가 자신보다 훨씬 더 큰 랠리 카들을 따돌리고 다윗과 골리앗의 싸움에서 우승까지 했다. 이후 1965년과 1967년 대회를 포함해 총 3회 우승을 거두면서 클래식 미니는 이전과 다른 이미지를 갖게 되었다. 이제까지 작고 경제적인 자동차로만 여겨지던 미니는 이때를 기점으로 남성적이면서도 강렬한 브랜드가 되었다. 이로부터 클래식 미니는 수많은 아티스트에게 영감을 주는 브랜드로서 두터운 팬덤을 형성했다. 1960년대 가장 진보적인 여성복 디자이너 메리 퀀트(Mary Quant)는 자신이 만든 짧은 스커트의 이름을 쇼트 스커트가 아닌 "미니스커트"라고 부를 정도로 미니에 대해

강한 애정을 가졌다.

미니는 정체성을 유지하는 한편 특별함도 포기하지 않는다. 나만의 특별한 미니를 위해 매년 두세 종의 스페셜 에디션을 내놓고 있다. 예컨대, 롤스로이스에서 직접 디자인해 2012년에 출시된 "미니 굿우드(MINI Goodwood)"는 가장 럭셔리한 미니라는 평을 받기도 했다. 또 개인 취향에 따른 맞춤화 생산공정도 갖추고 있다. 미니를 타는 운전자의 개성과 스타일을 표현하기 위해 다양한 차량 맞춤화 옵션을 제공한다. 미니 하나만으로도 차량 외부 디자인에 300개의 다른 모델을 적용할 수 있으며, 인테리어는 370개 이상의 조합이 가능하다고 한다.

미니는 또한 출발부터 셀럽들의 사랑을 받는 브랜드였다. 미니가 60년 동안 이토록 사랑을 받는 이유는 단순한 자동차를 넘어 시대의 아이콘이 되었기 때문이다. 1964년에 존 레논(John Lennon)은 면허증도 없이 미니를 구입했고, 조지 해리슨(George Harrison)과 폴 매카트니(Paul McCartney)도 미니 마니아였으며, 전 영국 수상 마거릿 대처(Margaret Thatcher)도 미니를 탔고, 이시고니스가 엘리자베스 여왕을 옆에 태우고 윈저성의 공원을 드라이브하면서 클래식 미니는 왕실에까지 입성했다. 특히 유명 패션디자이너 폴 스미스(Paul Smith)는 1990년대에 한정판으로 미니 스페셜 에디션을 창작하기도 했다. 영국 BBC의 코미디 프로 "미스터 빈"에 등장하는 미니도 깊은 각인을 남겼다.

한편 미니는 거의 유일하게 팬덤이 작동하는 자동차이기도 하다. 미니는 필요에 의해서 타는 차가 아니라 반드시 타야겠다고 다짐하여 구매하는 자동차라는 이야기다. 충성스러운 미니 마니아들은 미니 런(MINI

폴 스미스의 미니 스페셜 에디션

Run)이나 미니 유나이티드(MINI United)같은 축제를 주기적으로 개최하면서 그들만의 문화를 구가한다. 미니는 또한 2001년부터 유럽 최대 에이즈퇴치기금 마련 자선 행사인 라이프 볼(Life Ball)을 지원하며 사회공헌 캠페인도 진행한다.

독창적 디자인으로 출발한 미니는 미니라는 이름과는 정 반대의 거대한 문화적 아이콘이 되었다. 규범 타파의 혁신·디자인적인 정체성·특별함·셀럽·팬덤 등이 미니를 세기의 문화 아이콘으로 만든 내러티브들이다.

NFs: 품질, 차별성, 정체성, 진정성, 사회공헌, 이야기, 셀럽, 팬덤
IPs: 랠리 우승, 미니스커트, 미니 런

14. 버버리 BURBERRY

"영국이 낳은 것은 의회민주주의와 스카치위스키,
그리고 버버리 코트이다."

burberry.com

　스카치테이프, 크리넥스, 호치키스의 공통분모는 그것들이 상표임에도 불구하고 해당 상품을 가리킬 때 쓰는 일반 용어라는 점이다. 그것들은 각각 셀로판테이프, 미용티슈, 스테이플러를 일컬을 때 쓰는 말이다. "버버리"가 딱 그렇다. 이미 100여 년 전부터 지금까지 트렌치코트를 부르는 보통명사이다.

　우리가 영국 하면 쉽게 떠오르는 이미지는 우산을 든 신사이다. "하루에 4계절이 있다."고 할 정도로 변덕스러운 영국의 날씨 때문에 신사는 항상 우산을 가지고 다니는 걸까? 1856년부터 햄프셔 주에서 작은 포목상을 하던 토마스 버버리(Thomas Burberry: 1835~1926)는 습하고 수선스러운 영국 날씨에 적합한 옷감을 만들기로 한다. 최상급인 이집트 면

burberry.com

토마스 버버리와 개버딘

(Egypt Cotton)에 특별히 개발한 방수 코팅 기술을 얹기 위해 수없는 시험을 거듭한 결과, 비바람을 견뎌내고 통기성도 뛰어난 새로운 소재를 개발했다. 1879년 토마스 버버리는 이 직물에 "개버딘(Gabardine)"이라는 이름을 붙였고, 1888년에는 트레이드마크로 등록했다. 고무로 코팅돼 무겁고 둔한 다른 레인코트(raincoat)에 비해 방수 기능을 갖추었으면서도 시원하고 통풍이 잘되었기 때문에, 버버리 개버딘으로 만든 외투나 오버롤(Overoll: 원피스형 팬츠)은 1900년대 초반의 극지탐험가·비행조종사·열기구 여행가·산악등반가들에게 큰 환영을 받았다.

지금의 버버리는 기성복 뿐 아니라 가방·신발·액세서리·시계·코스메틱 제품까지 제작·판매하는 종합 패션 브랜드이지만, 버버리가 버버리임을 말해주는 것은 역시 코트이다. 1895년 개버딘 소재로 만들어진 버버리의 레인코트는 뛰어난 방수성과 내구성, 그리고 보온성으로 전장의 군인들에게 애용되었다. 버버리 코트는 특히 제1차 세계대전 당시 영국군과 연합군의 장교와 사병들이 애용했다. 제1차 세계대전이 지구전 양상으로 변해가자, 영국군은 참호 속에서 추위와 비바람에 떠는 군인들을 위해 버버리에 레인코트를 대량 주문했고 이후 버버리의 코트는 군인들의 필수품이 되었다.

전쟁이 이어지며 버버리의 레인코트는 야전 군복의 역할을 다 하기 위해 기능적으로 진화했다. 어깨에는 계급장을 붙일 수 있도록 견장을 달았고, 장총을 사용할 때 총의 개머리판에 옷이 마모되는 것을 방지하기 위해 오른쪽 가슴에 건 플랩(Gun Flap)이라는 단을 덧댔다. 또 수류탄이나 탄약통을 매달 수 있는 고리인 D링(D-rings)이 벨트에 추가되었으며, 바람이나 추위를 막을 수 있게 손목의 조임 장치인 커프스 플랩(Cuffs Flap)이 더해졌다.

이렇게 전쟁 수행 기능을 넣어 만든 버버리 레인코트는 훗날 "참호(Trench: 야전에서 방어선을 따라 판 구덩이)" 안에서 주로 전쟁을 수행한 코트 입은 군인들의 이미지와 연결되면서 "트렌치코트(Trench Coat)"라 불리게 되었다. 버버리가 1914~1918년까지 제1차 세계대전 기간 영국군에 납품한 트렌치코트는 50만 벌이었다고 한다.

제1차 세계대전이 끝나고 집으로 돌아간 영국군과 연합군 병사들은 버버리 트렌치코트를 가져가 평상복으로 입었고 나중에 자식들에게도 물려주었다. 이로부터 애초 군복으로 제작된 트렌치코트는 일반대중에 유행하게 되었다. 기능적인 요소였던 견장, 건 플랩, D링, 커프스 플랩 등도 트렌치코트에 클래식한 감각을 더하는 디테일이 되었다.

burberry.com

견장
건 플랩
D-링
손목
조임
장치

The Westminster
Heritage
Trench Coat

"트렌치코트의 제작공정에서 가장 어려운 부분이 옷깃입니다. 전문 재단사가 트렌치코트 옷깃의 섬세한 바느질을 배우는 데에는 1년이 걸립니다. 그들은 목에 완벽하게 내려앉는 부드러운 곡선을 만들기 위해 180개 이상의 바느질을 한 땀 한 땀 손으로 꿰맵니다." burberry.com

Burberry check

　버버리가 무엇보다 관심을 갖는 것은 편안하고 자유롭게 활동할 수 있는 착용감이다. 그렇기 때문에 디자인보다는 용도와 그에 맞는 소재의 선택을 중시한다. "유행의 흐름에 좌우되지 않으며, 내구성과 실용성을 중시하자."는 것이 버버리의 디자인 철학이다.

　정작 겉에 드러나지는 않지만, 버버리다움을 상징하는 고유 디자인은 버버리에도 분명 있다. 버버리를 대표하는 시그니처 패턴인 "버버리 체크(Burberry Check)" 문양은 1920년대에 트렌치코트의 안감으로 사용하기 위해 개발된 것이다. 스코틀랜드의 전통 문양인 "타탄(Tartan)"에서 영감을 얻은 버버리는 검정색·흰색·주황색·밤색의 패턴에 버버리의 중세 기사 문양을 넣어 고유의 체크무늬를 수립했다. 버버리의 가장 기본적이고 대표적인 체크 패턴은 첫 매장이 위치했던 곳의 이름을 따 헤이마켓(Haymarket) 체크로 부른다. 그 외에도 비슷해 보이는 버버리의 체크 패턴은 그 디테일에 따라 6가지가 더 있다. 하우스(House), 노바(Nova),

트렌치코트 광고의 리치필드 경

슈퍼노바(Supernova), 익스플로디드(Exploded), 스모크드(Smoked), 더 비트(The Beat) 등이 그것이다. 트렌치코트가 대중의 인기를 끌면서 체크는 버버리 브랜드의 상징이 되었다.

명품 브랜드가 대개 그렇듯이 버버리에 얽힌 이야기는 송이에 가득한 포도 알처럼 풍성하다. 먼저 버버리가 레인코트를 대표하는 새로운 패션 용어가 되는데는 영국 국왕 에드워드 7세의 공로가 컸다. 버버리의 레인코트를 즐겨 입었던 그는 코트를 찾을 때마다 시종에게 그냥 "내 버버리를 가져오게."라고만 말한 덕분에 버버리는 입소문이 났고, 영국 옥스포드사전에 등재되기까지 했다. 1955년과 1989년, 버버리는 영국 여왕의 품질 보증서이자 영국 왕실에 제품을 납부할 자격증인 왕실 인증마크(Royal Warrents)를 획득했다. 엘리자베스 2세 여왕의 사촌인 리치필드 경(Lord Lichfield)은 1970년대의 트렌치코트 광고에 여러 차례 출연한 바도 있다.

영국 왕실과의 인연 뿐 아니라 많은 셀러브러티들이 트렌치코트를 빛내주었다. 1942년 영화 〈카사블랑카(Casablanca)〉에서 험프리 보가트와 잉그리드 버그만이 트렌치코트를 입고 등장하였고, 로버트 테일러도 영화 〈애수(Waterloo Bridge)〉의 워털루 다리 위에서 과거를 회상하는 장면을 찍을 때 트렌치코트를 입고 있었다. 영국인들이 가장 존경하는 위인인 윈스턴 처칠 또한 버버리 코트를 즐겨 입어 트렌치코트가 "영국다움(Englishness)"의 상징으로 인식되는데 힘을 보탰다.

개버딘이란 원단 소재의 개발과 함께 시작되었고 트렌치코트와 떼서는 말할 수 없는 버버리. 전쟁터에서 증명된 실용적 기능성, 영국 왕실과의 연결이란 하이엔드 클래식 이미지, 많은 명사들의 자발적인 PPL 홍보, 그리고 지금껏 변함없는 전통과 모던함 사이의 균형 감각이 버버리다움을 만들고 결국 영국다움의 상징이 되게 한 내러티브라 할 수 있다.

> **NFs**: 품질, 차별성, 정체성, 진정성, 품격, 이야기, 셀럽
> **IPs**: 개버딘, 트렌치코트, 버버리 체크

15. 블루 보틀 커피 BLUE BOTTLE COFFEE

"커피의 품질에 대해 절대 타협하지 않는다."

　블루 보틀(BLUE BOTTLE COFFEE)의 시작은 17세기로 거슬러 올라간다. 당시 동유럽과 중앙유럽의 많은 지역을 휩쓸었던 터키군은 1683년엔 비엔나에까지 이르렀다. 포위되어 절망에 빠진 비엔나인들은 인근의 폴란드에 도움을 요청하고자 했다. 하지만 전갈을 전하기 위해선 터키군의 진영을 뚫고 지나가야 했다. 이때 임무를 맡은 이는 터키어와 아랍어를 구사할 줄 아는 프란츠 조지 콜시츠키(Franz George Kolshitsky)였다. 터키식 복장을 한 콜시츠키는 여러 번의 위험한 위기 상황을 넘기며 적진을 넘나든 끝에 폴란드인들이 곧 비엔나를 구하러 올 것이란 소식을 가져왔다. 9월 13일, 마침내 터키군은 그들이 가져온 모든 것을 남겨둔 채

bluebottlecoffee.com

블루 보틀 오클랜드 본사

황망히 철수하였다. 도시에 버려진 물건 가운데 이상한 콩 봉지 같은 것도 있었는데, 사람들은 그것이 단지 낙타 사료라고만 생각했다. 하지만 몇 년 동안 아랍세계에서 살았던 콜시츠키는 그것이 커피 봉지라는 것을 한 눈에 알아봤다. 당시의 유럽 사람들에게는 커피가 낯설기만 했으나, 커피의 향미를 알고 있는 콜시츠키는 이를 새로운 사업으로 연결했다. 그는 자신의 영웅적 활약에 대해 비엔나 시장으로부터 보상을 받은 바 있는데, 이 돈을 이용해 커피를 사들여 중앙유럽 최초의 커피 하우스를 연 것이다. 이 커피하우스의 이름이 바로 "블루 보틀(The Blue Bottle)"이다. 콜시츠키는 전쟁의 포화에서 비엔나를 구했을 뿐 아니라 비엔나에 커피까지 가져다 준 것이다.

그로부터 319년 후, 캘리포니아 오클랜드에서 콜시츠키의 영웅적 업적을 기려 명명된 또 하나의 커피하우스 "블루 보틀(Blue Bottle Coffee)"이 시작되었다. 2002년 상업적이고 진부한 커피에 불만을 가진 프리랜서 음악가, 제임스 프리먼(James Freeman)은 동네의 한 시장에 조그만 에스프레소 카트를 두고 일주일에 한 번 핸드드립 커피를 판매하기 시작했다. 처음부터 그는 주문을 받은 즉시 원두를 분쇄해 한 잔씩 내리는 "느린 커피"를 고집했다. 이 느림을 상쇄해주는 것은, 자신이 추구하는 풍미를 얻기 위해 끊임없이 로스팅을 반복해가며 찾아낸 프로파일이다. 그것은 다른 사람들이 전혀 알아차리지 못한 미묘한 차이였다.

블루 보틀이 소규모 스페셜티 커피 브랜드로서 세계적으로 성공할 수 있었던 계기는, 로스팅한 지 48시간 이내의 싱글 오리진 원두만을 사용해 바리스타가 직접 커피를 내려주는 "정성"에 있었다.

로스팅 장면

"고객이 가장 훌륭한 커피 맛을 즐길 수 있도록 볶은 지 48시간이 지나지 않은 원두만 판매할 것입니다. 가장 훌륭한 품질과 맛을 선사하는 원두, 정직하게 생산하고 수급한 원두만 사용할 것입니다." bluebottlecoffee.com

이 정성은 장인정신을 낳았다. 지금은 한국에도 매장이 여러 군데 있지만, 애초 아시아에서 오직 일본에만 매장 개설을 허락한 이유도 장인정신으로 명성을 얻은 제임스 프리먼이 일본의 장인정신을 높이 샀기 때문이다.

바리스타가 최적의 맛을 내기 위해 훈련하는 모습

블루 보틀은 속도에 연연하지 않는다. 이 느림의 미학이 추구하는 목표는 오직 "커피의 맛"이다. 그들은 그들이 찾을 수 있는 가장 맛있고 지속 가능한 커피를 공급하기 위해 전 세계의 농부들과 직접 협력하고, 그 원두를 까다로운 맛 기준에 맞춰 가공하며, 현장에서 즉시 고객에게 대접

블루 보틀의 로고, "파란 유리병"

한다.

    명료한 브랜딩과 고품질 원두, 그리고 정성스레 내린 핸드드립에 더해 블루 보틀의 철학을 완성하는 것은 "미니멀리즘"이다. 창업 초기 "로스팅 48시간 이내의 원두로 여덟 가지 메뉴만 판매합니다."라는 표어를 내걸었을 정도로 메뉴는 간결하다. 모든 메뉴의 컵 사이즈는 오직 한 가지뿐이다. 매장의 디자인은 여기서 어떻게 느긋하게 커피를 마시겠냐는 불평이 나올 정도로 심플하다. 그리고 방점을 찍는 비주얼 아이덴티티는 바로, 허공에 떠 있는 저 무심한 파란 유리병이다. 이 브랜드 로고 덕분일까. 블루 보틀은 곧잘 애플에 비교된다. "한 입 물린 사과(the Bite of the Apple)"에 비견되는 세기적 로고라 아니 할 수 없다.

간결한 메뉴나 하나로 통일된 컵 사이즈, 그리고 한 잔씩 내리는 핸드 드립 커피 같은 요소에 더해 향을 내는 첨가물을 넣지 않는다든지, 모든 샷은 리스트레토(Ristretto: 짧게 추출한 에스프레소. 25~30㎖를 추출하는 에스프레소보다 적은 양인 15~20㎖를 짧은 시간에 추출)로 내린다든지, 커피 맛에만 집중할 수 있도록 와이파이(Wi-Fi)나 전기콘센트를 제공하지 않는다는 점들이 블루 보틀의 특별함을 만들어낸다.

마니아들이 블루 보틀에 열광하는 이유는 최고의 커피를 추구하는 "품질 우선주의" 철학 때문이다. 가장 훌륭한 맛을 내는 커피 잔의 크기를 설정하고, 분쇄된 원두는 절대로 매장에 두지 않는 방침 또한 최고의 커피 한 잔을 위해 존재한다. 제대로 된 아이디어와 제품이 있을 때 과한 영업은 필요 없으며, 투자는 쉽게 따라온다는 사실을 블루 보틀은 증명했다. 선두주자였던 스타벅스가 오히려 블루 보틀을 벤치마킹하여 2008년부터 스페셜티 브랜드로서 스타벅스 리저브를 론칭하기도 했다. 그들은 이 성공이, 시류에 편승하지 않는 정성스러운 커피 한 잔에 고집스럽게 몰입해온 덕분이라고 생각한다.

최고의 품질, 이와 역설적으로 대칭되는 느림과 덜어냄의 미니멀리즘, 그리고 모든 매장에 일관된 제조방식과 고객 친화적 환경의 조성 등이 사람들로 하여금 블루 보틀이 블루 보틀임을 각인케 한 내러티브라 할 수 있다.

> NFs: 품질, 차별성, 정체성, 진정성, 철학, 이야기,
> IPs: 핸드 드립, 단일 컵 사이즈, 리스트레토, WiFi

16. 산타 마리아 노벨라 Santa Maria Novella

"모든 제품은 그만의 신화를 지니고 있다."

smnovella.com

성 도미니크(Saint Dominique)가 1216년 도미니크 수도회(The Dominican Order)를 설립했다. 그 도미니크 수도회의 수도사들이 1221년 피렌체(Firenze)에 도착했다. 이들은 산타 마리아 노벨라(Santa Maria Novella) 성당에 정착하였고, 수도원의 의무실에 보낼 의약품을 만들기 위해 그들의 밭에서 식물과 약초를 경작하였다. 이를 가지고 아픈 사람들을 치유하기 위해 연고 등의 상비약을 만들었다. 이것이 산타 마리아 노벨라 약국의 시초였다. 우리가 알고 있는 브랜드 "산타 마리아 노벨라"의 공식 명칭은 "오피시나 프로푸모 파르마체우티카 디 산타 마리아 노벨라(Officina Profumo Parmaceutica di Santa Maria Novella)"이다. "산타 마리아 노벨라 성당의 화장품 상점 겸 약국"이라는 뜻이다.

산타 마리아 노벨라의 창립년도는 1612년이다. 그 해 말 피렌체의 대

(좌) 13세기 수도사들의 제조 장면   (우) 1900년대의 약국

공(大公)으로부터 안지올로 마르키시(Angiolo Marchissi: 1592~1659) 신부가 왕실 주치 약사의 칭호를 받고 산타 마리아 노벨라 약국의 초대 원장으로 임명됐다. 이때부터 산타 마리아 노벨라는 약국으로서의 공식적인 역사를 시작했다.

1381년, 산타 마리아 노벨라의 수도사들은 약초를 이용해 향기로운 물, 아쿠아 디 로제(Acqua di Rose)를 생산하기 시작했다. 로즈 워터(Rose Water), 즉 장미수라 불린 이 물은 전염병인 페스트가 빈번하게 유행할 때 소독제로 사용되었다. 1457년의 문서에 아쿠아 디 로제의 제조법과 효능이 기록되어 있으며, 오늘날도 계속해서 전통적인 레시피에 따라 아쿠아 디 로제를 생산하고 있다.

당시 수도사들은 로마 가톨릭의 명에 따라 유럽 여러 지역으로 옮겨 다녔는데, 그들의 이동에 따라 산타 마리아 노벨라의 제품도 유럽 전역으로 퍼지게 되었다. 제품의 효능이 알려지면서 유럽 각국의 왕실과 귀족이 산타 마리아 노벨라의 조제약을 찾게 되었다. 18세기에는 산타 마리아 노

아쿠아 디 로제
오른쪽은 1381년의 상표

벨라의 명성이 러시아나 인도, 심지어 중국에까지 알려지게 되었다.

　아쿠아 디 로제와 더불어 산타 마리아 노벨라를 대표하는 또 하나의 제품은 1533년에 나온 메디치 가문의 카트리나(Caterina) 공주를 위한 향수, 아쿠아 디 콜로니아 산타 마리아 노벨라(Acqua di Colonia Santa Maria Novella)이다. 이는 카트리나 공주가 그해 14세의 나이로 프랑스의 앙리 2세(Henri II)와 결혼할 때 이를 기념하기 위해 만든 향수이다. 현존하는 가장 오래된 향수이자 산타 마리아 노벨라 최초의 향수인 아쿠아 디 콜로니아는, 카트리나 공주가 혼수로 가져가 지인과 친구들에게 나누어 주면서 프랑스 왕실과 귀족 사회에 향수가 유행하게 된 계기가 되었다. 이 향수는 프랑스 왕실에서 "아쿠아 델라 레지나(Acqua Della Regina: 왕비의 물)"로 불리며 큰 인기를 끌었다. 가장 은은한 향의 향수를 "오 데 코롱(Eau De Cologne)"이라 부르는데, 아쿠아 디 콜로니아가 그 어원이라 한다. 1725년, 이탈리아의 향수 제조업자 지오바니 페미니스(Giovanni Feminis)가 독일의 코롱(Cologne)으로 가 아쿠아 디 콜로니아와 같은 이탈리아식 향수를 제조했는데, 지역 이름을 따 이를 오 데 코롱이라 불렀다는 것이다. 산타 마리아 노벨라의 향수는 현재 40여 종이 있는데, 여전히 아쿠아 디 콜로니아를 만들었던 1500년대의 조제법에 따라 만들어지고 있다 한다.

산타 마리아 노벨라의 아이덴티티로는 수백 년 동안 손상되지 않은 채 남아있는 아로마틱 허브 정원(Aromatic Herb Garden), 즉 약초정원을 빼놓을 수 없다. 1221년 수도사들의 경작으로부터 시작된 최초의 약초정원은 르네상스 시기의 영향을 받은 식물학 연구의 출발지이기도 하다. 정

2012년, 산타 마리아 노벨라는 론칭 400주년을 맞아 오또네(Ottone: 좌)와 포르첼라나(Porcellana: 우)의 기념향수 "아쿠아 디 콜로니아 1612"를 2012개 한정판으로 출시했다.

원에서 재배한 식물로부터 다양한 원료를 얻었으며, 식물의 씨앗과 꽃을 직접 짜거나 기름에 담가 우리거나 증류하는 등의 방식을 통해 만든 에센셜 오일(Essential Oils)은 지금도 산타 마리아 노벨라의 각종 화장품을 만드는 데 쓰인다. 여기에도 400여 년 전 수도사들이 수공예로 제조하던 레시피와 원료가 그대로 재현되었다는 내러티브가 얹혀있다. 또한 재배 가능한 약초의 양에 한계가 있다는 희소성은 프리미엄 제품이라는 성격을 구축하고 유지하는데도 중요한 내러티브가 되어왔다. 산타 마리아 노벨라 피렌체 본점의 "세일즈 룸(Sales Room)"은 1848년에 재건축되어 지금도 상품을 판매하는 곳으로 이용되고 있는데, 이러한 공간도 전통을 시각적으로 확인시켜주는 비주얼 아이덴티티로서 중요한 역할을 하고 있다.

산타 마리아 노벨라는 수백 년간 전해 내려온 방식을 유지하면서 전

smnovella.com

1700년대에 중요한 고객을 대접하는 홀로 이용된
살라 베르데(Sala verde: 그린 룸)

통을 지켜 간다. 여전히 초기 산타 마리아 노벨라의 수도사들이 사용했던 전통 방식들을 계승하여 모든 제품을 약초와 천연 오일로써 조제한다. 과거의 제조 방식을 그대로 재현하여 전통을 유지하는 데만 그치지 않는다. 현대적인 정확성과 정밀성을 기하기 위해 새로운 설비 또한 도입했다. 진정성을 지키기 위해 제품에 사용되는 약초는 반드시 피렌체 지역에서 재배되는 것만을 사용하고, 어떤 제품도 동물을 이용해 실험하지 않는다. 또한 산타 마리아 노벨라는 다양한 실험실을 운용한다. 고객에게 생물학적으로 부적합한 제품을 제공하지 못하도록 회사의 제품 및 공정에서 발생할 수 있는 잠재적 오염을 제거할 수 있게끔 미생물 실험실을 가동하고 있고, 높은 제품 표준을 유지하기 위해 옛날 레시피의 개발 및 개선을 연구하는 실험실도 운용한다.

"전통과 혁신의 이름으로 최상의 품질의 원재료만을 사용하면서 현대적인 기술과 아방가르드한 기계의 도움으로 도미니크회 수도사들의 장인 정신을 이어 받습니다." smnovella.com

산타 마리아 노벨라는 "역사적인 이탈리아 기업 연합"의 멤버이기도 하다. 45개 회원사들은 영광스러운 과거를 공유하는 기업들로서, 소속 영역과 전통의 가치를 공유하면서 경험과 품질을 향상시키고자 하는 목표를 공유한다. 또 "메디치 빌라와 정원의 친구들(Amici delle Ville e dei Giardini Medicei) 협회"의 첫 번째 대표를 역임하기도 했는데, 2014년에 탄생한 이 협회는 유네스코세계문화유산으로 선포된 빌라들과 메디치 정원들의 환경·역사·예술의 복원과 보호 및 향상을 지원하고 장려해오고 있다. 나아가 문화 행사·장학금과 수상·행사와 컨퍼런스의 홍보와 후원이란 의무도 충실히 수행하고 있다.

  광고를 하지 않고 샘플을 공짜로 주는 일도 없다는 산타 마리아 노벨라. 수도사의 약국이란 진정성, 전통의 계승, 약품이자 화장품인 수백 년 된 제품 등이 산타 마리아 노벨라에 대한 신뢰를 만들어내는 내러티브들이다.

> NFs: 품질, 차별성, 정체성, 진정성, 품격, 철학, 사회공헌, 이야기
> IPs: 수도사, 약초정원, 아쿠아 디 로제, 아쿠아 디 콜로니아

17. 샤넬 CHANEL

"힐에 올라서 고개를 들어라, 기준을 높게 유지할 것!"

이름 코코 샤넬(Coco Chanel), 본명 가브리엘 보뇌르 샤넬(Gabrielle Bonheur Chanel: 1883~1971)은 꽃 중에 까멜리아(Camélia: 동백꽃)를 무척 좋아했다. 향기도 가시도 없는 간결하고 순수한 까멜리아를 액세서

(좌) 까멜리아 실크 크레이프   (우) 까멜리아 주얼리

리로 만들어 블랙 드레스에 악센트로 꽂았다. 고전적이면서도 개성이 뚜렷한 까멜리아에, 꼭 닮은 자신을 투영했던 것이다. 지금도 샤넬 장인들의 세공에 의해 까멜리아는 계속 피어난다.

 1883년 프랑스의 소도시에서 태어난 가브리엘 샤넬은 수녀가 운영하는 고아원에서 성장했다. 엄격하고 검소한 고아원에서의 경험은 훗날 샤넬에게 블랙 앤드 화이트의 간결한 색채 대비 구성에 영감을 주었다. 샤넬은 자신의 생활 방식을 아이디어의 원천으로 삼아 "더블 C"의 로고뿐 아니라 자신의 디자인 세계를 형성하였다. 그녀는 당시 사교계 여자들의 불편하고 요란스러운 치장을 싫어했다. 극도로 단순한 스타일링을 제시해 다른 패션세계와 자신을 구분하고자 했다. 항상 절제된 우아함을 강조했으니, "심플한 우아함"이야말로 샤넬의 디자인 철학인 것이다.

Biography.com

가브리엘 샤넬

1910년, 코코 샤넬은 파리의 패션 거리 깡봉가(rue Cambon)에 샤넬 모드(Chanel Modes)라는 모자 가게를 열었다. 1913년, 해안 휴양도시였던 도빌(Deauville) 지역에 최초의 부티크를 오픈했다. 1921년, 첫 번째 향수이자 최초의 배합 향수인 N°5를 출시했다. 1926년, 야회복인 리틀 블랙 드레스를 출시했다. 1954년, 트위드(Tweed) 소재를 활용해 샤넬 슈트(Chanel suit)를 출시했다. 1955년, 금색 체인이 달린 퀼팅 숄더백(Quilting shoulder bag), "2.55 핸드백"을 출시했다. 그리고 1971년 1월 10일, 패션제국의 여제(女帝)는 87세의 나이로 리츠 파리 호텔(The Ritz Paris)에서 세상을 떴다. 호텔은 그녀가 35년 간 머물렀던 방을 "코코 샤넬 스위트(Coco Chanel Suite)"라고 명명했다.

이 연대기의 이정표들인 N°5 향수, 리틀 블랙 드레스, 트위드 재킷, 그리고 2.55 숄더백은 코코 샤넬의 가장 기념비적인 성취이다.

불후의 향수, 샤넬 N°5는 전설적인 조향사 에르네스트 보(Ernest Beaux: 1881~1961)의 작품이다. 그는 자신이 발명한 인공향 알데하이드(Aldehyde)를 향수에 최초로 사용했는데, 여러 꽃 성분과 조합되어 더없이 매혹적인 향기를 뿜어 폭발적인 반응을 낳았다. 샤넬 N°5는 세계에서 가장 많이 팔리는 향수가 되었다. 게다가 마릴린 먼로가 선택한 향수가 되어 N°5는 말 그대로 향수의 상징이 되었다. 1959년, 샤넬 N°5 향수병은 최고의 디자인으로 인정받으며 뉴욕 현대미술관에 전시되었다.

디자이너 코코 샤넬의 역작인 리틀 블랙 드레스는 이름 그대로 활동하기 편한 검은색 미니 드레스다. 당시 불길한 색으로 여겨진 검은색을 변함없는 고전적 가치의 상징으로 승화시켜 블랙 드레스를 대중적 패션으로 만들었다. 지금도 이 디자인은 세련된 우아함의 전형으로 여겨진다.

웨스트민스터(Westminster) 공작인 휴 그로스베너(Hugh Grosvenor: 1879~1953)는 당시 영국에서 제일 부자였다. 사는 성(城)의 정원을 다 보려면 자동차로 15시간이 걸리고, 롤스로이스를 17대나 보유했다 한다. 1924년부터 5년 간 그와 연인 관계였던 샤넬은 스코틀랜드에서 많은 시간을 보냈는데, 그때 공작과 친구들의 트위드 스포츠웨어를 자주 접하고 눈여겨보았다. 그로부터 트위드(tweed) 소재에서 영감을 받아 훗날 샤넬의 상징이 된 트위드 수트가 탄생된 것이다. 스코틀랜드산(産)인 트위드는 굵기가 고르지 않고 꼬임이 느슨한 모사로 짠 천으로, 표면은 요철감이 있으나 부드럽다. 남성복으로부터 연유한 카디건 스타일에, 그때까지 여성용 의복에 적용된 적이 없었던 아웃 포켓을 단 트위드 재킷은 여성의 실용적인 유니폼이 되었다.

"2.55" 라지 플랩 백

여성들로 하여금 가방을 지니면서도 두 손을 자유롭게 사용할 수 있게 한 숄더백이 1955년에 출시됐다. 최초로 어깨에 메는 가방이 된 "2.55백"은 1955년 2월에 처음으로 만들어졌다 해서 붙여진 이름이다. 샤넬이 여기에 내재시킨 세 가지 특징은 숄더 체인과 퀼팅(Quilting) 패턴 및 잠금장치이다. 클러치 백(Clutch Bag: 손에 드는 여성용 작은 지갑)에 달아 준 끈은 군인 가방에서 착안한 것이다. 퀼팅으로 표현된 다이아몬드 패턴은 샤넬이 사랑했던 승마에서 영감을 받았다. 마드무아젤 락(mademoiselle lock)이라 불리는 회전 잠금장치가 더해진 2.55백은 지금도 샤넬의 대표 아이콘이다.

머리부터 발끝까지의 패션에 향기까지 더해져 이룩된 샤넬의 토털룩(total look). 이를 받쳐주는 기본은 역시 장인이 만들어내는 질적인 완벽함이다. 이 특별함 때문에 여성적인 이미지의 명품 브랜드하면 가장 먼저 샤넬을 떠올리고, 샤넬하면 전형적인 고급 여성의 이미지를 생각하게 되는 것이다.

> "오프 꾸뛰르(haute couture) 드레스는 클라이언트의 치수와 동일하게 만들어진 목재 상반신 마네킹에 맞춰 맞춤 제작되며, 약 1,500시간의 작업을 통해 완성됩니다."
>
> chanel.com

코코 샤넬이 남긴 "패션은 변하지만 스타일은 남는다."라는 명언은 지금도 유효하다. 매 시즌 조금씩 변주하는 방식으로 표현되지만, 트위드 재킷과 스커트의 앙상블 콘셉트는 여전히 동일하게 유지되고 있다. 칼 라거펠트(Karl Lagerfeld: 1933~2019)가 젊고 아름다운 셀러브리티를 샤넬 광고 캠페인에 기용한 것도 브랜드의 이미지를 계속 지켜나가기 위해서였다. 샤넬 슈트인 트위드 재킷도 재질과 색만 바꿔서 시즌을 초월해 현재진행형이다. 트위드 재킷을 흉내 낸 제품이 수없이 많다는 것도 스타일이 되었다는 증거이다. 2019년에 선보인 "CHANEL 19" 또한 2.55백에 대해, 아니 마드무아젤 샤넬에 대해 경의를 표하여 지어진 이름이라 한다.

샤넬은 말도 안 되게 정교하고 거대하며 아름다운 패션쇼로도 유명하다. 규모와 함께 독특한 콘셉트의 패션쇼장 역시 항상 기대를 갖게 한

chanel.com

아트 디렉터 칼 라거펠트를 이어받은 버지니 비아르(VIRGINIE VIARD)가 디자인한 가을-겨울 2019/20 오뜨 꾸뛰르. 전시관 전체를 원형 도서관으로 꾸몄다.

다. 최상류층을 겨냥한 귀족 마케팅의 목적은 단 하나, 하이엔드 고객의 자부심을 만족시키는 것이다. 따라서 누구나 볼 수 있는 TV나 신문과 같은 대중 매체에는 광고를 싣지 않는다. 가격 책정의 기준도 제품 구매 시 느낄만한 자부심의 가늠치이다.

    샤넬은 격조 있는 명품 브랜드로 인식된다. 이미 고유명사가 되어버린 샤넬 트위드(Chanel tweed), 샤넬 햇(Chanel hat), 샤넬 재킷(Chanel jacket), 샤넬 슈트(Chanel suit), 샤넬 레드(Chanel red)는 자신의 스타일이 영원하기를 소망했던 가브리엘 샤넬의 꿈이 이루어졌음을 증명한다. 여성 패션의 행로를 개척하고 표준을 제시하는 과정에서 나온 많은 이야기와 제품, 그리고 그로부터 파생된 신화적 디테일들이 우리 의식 속의 샤넬을 만든 내러티브이다.

NFs: 품질, 차별성, 정체성, 진정성, 품격, 철학, 이야기, 셀럽
IPs: N°5, 2.55, 트위드, 더블 C 로고, 까멜리아

18. 샴페인 CHAMPAGNE

"저는 지금 은하수를 마시고 있어요!"

왼쪽부터 Louis Roederer.com, domperignon.com, piper-heidsieck.com

솟아오르는 거품만으로도 호사스러운 샴페인은 사람들에게 환상과 아름다움을 심어준다. 샴페인은 부와 권력의 상징이었다. 샴페인은 프랑스의 샹파뉴(Champagne)지역에서 생산된 스파클링 와인이다. 스파클링 와인은 "기포가 있는 와인"을 뜻한다. 그중 원조이며 가장 격조 있는 것이 바로 샴페인이다. 샹파뉴 지방을 영어식으로 읽어 부르는 게 샴페인인데, 가장 유명하기 때문에 고유명사가 일반명사화된 것이 바로 "샴페인"인 것이다.

샹파뉴 지방에서 생산되어야만 샴페인이라고 명명할 수 있다. 프랑스 내 다른 지방에서 만들어지는 스파클링 와인은 크레망(Crémant)이라고 한다. 협정에 의해 다른 곳, 다른 나라에서 생산되는 스파클링 와인은 샴페인이라 부를 수 없다. 이탈리아의 스파클링 와인은 스푸만테

피에르 페리뇽의 동상

(Spumante), 스페인에서는 카바(Cava), 독일은 젝트(Sekt)라고 부른다. 그러니 오드리 헵번이 〈로마의 휴일〉의 노천카페에서 로열패밀리라면 당연하다는 듯이 샴페인을 주문했을 때 나온 샴페인은 사실 스푸만테였을 것이다.

프랑스 파리 동북부에 위치한 샹파뉴의 겨울은 추웠다. 그곳 수도원들은 미사를 위해 자체적으로 와인을 생산했다. 겨울의 혹독한 추위를 견뎌내던 와인은 봄에 온도가 올라가면서 곧잘 병이 터졌다. 추위로 발효가 멈췄던 와인은 날이 풀리면서 다시 발효를 시작하는데, 이때 병 속의 효모들이 만들어낸 탄산가스의 압력이 높아진 병 속 온도와 뒤엉켜 유리병을 터지게 한 것이다. 한번은 베네딕틴 오빌리에 수도원의 수도사 피에르 페리뇽(Pirre Pérignon)이 미사에 쓸 와인을 고르기 위해 수도원 깊숙한 와인 저장고에 갔을 때 마침 와인병이 폭발했다. 하지만 페리뇽은 그 와인을 마셔 본 뒤 놀라운 풍미를 발견했다. 그는 감격하여 동료 수도사에

domperignon.com

돔 페르뇽, 로제
빈티지 2006

게 "형제님, 빨리 와보세요. 저는 지금 별들의 향연을 마시고 있어요!"라고 소리쳤다. "돔 페리뇽(Dom Pérignon)"의 탄생이다. "돔(Dom)"은 성직자의 최고 등급인 "도미누스(Dominus)"를 줄여 부른 호칭이다. 피에르 페리뇽은 훗날 "돔 페리뇽"으로 불렸고, 브랜드 명이 됐다. 돔 페리뇽의 상표에 새긴 큼지막한 "별"은 바로 피에르 페리뇽의 첫 감격을 상징하는 것이다.

　피에르 페리뇽 이전의 대부분 와이너리(Winery)에서는 드럼통에 와인을 넣어 판매했다. 하지만 페리뇽은 처음으로 와인을 병에 담아 판매했다. 또한 그는 스페인의 수도사들이 코르크 마개로 물통을 막았던 것에서 착안하여 코르크 마개로 와인 병을 막고, 탄산가스의 압력 때문에 터지지 않도록 마개를 조이는 철사구조도 고안했다. 병 안에 기포를 보존하는 방법을 발명한 것이다. 17세기 후반 현재와 같은 발포성 와인이 만들어진 것은 페리뇽이 고안한 유리병과 철사로 묶은 코르크 마개로 인해서이다. 더 나아가 페리뇽은 여러 품종의 포도즙을 섞어 와인을 만들면 맛이 더욱 깊어진다는 것을 발견했다. 다양한 포도 품종에서 짜낸 즙을 혼합하여 만드는 그의 블렌딩 기법은 지금까지도 샴페인 제조의 전통이 되었다.

1832년, 프랑스 샴페인 브랜드 "모엣 & 샹동(Moët & Chandon)"은 전쟁으로 폐허된 베네딕틴 오빌리에 수도원을 복원했다. 모엣 & 샹동은 최고의 와인을 생산하기 위해 평생을 바친 피에르 페리뇽 수도사에게 경의를 표하고 그의 정신을 계승하고자 프레스티지(Prestige) 샴페인인 "돔 페리뇽"을 만들었다. 돔 페리뇽은 특히 빈티지(Vintage: 특정 수확연도) 샴페인 제조를 위한 장인정신으로 유명하다. 대개의 샴페인은 주로 일정한 맛을 유지할 수 있는 논(non) 빈티지 샴페인이다. 하지만 돔 페리뇽은 100% 빈티지 샴페인만을 고집한다. 돔 페리뇽은 명성 있는 럭셔리 샴페인 하우스 중 유일하게 빈티지 샴페인만을 생산하는 곳이다. 장인정신이 바로 명가(名家)의 정체성이다.

> "돔 페리뇽은 오직 빈티지 샴페인만을 생산합니다. 모든 빈티지 와인은 그 해 재배된 최상급 포도로만 만들어집니다. 그 해 재배 기후의 독특한 개성을 해석해 와인으로 재탄생시키는 것. 포도 작황이 이상적인 수준에 미치지 못하면 과감히 빈티지 와인을 출시하지 않는 것. 저장고에서 최소 8년에 걸친 창조의 과정 끝에 완벽한 균형을 실현하는 것. 이것이 돔 페리뇽의 위대한 약속입니다." domperignon.com

1776년에 설립된 루이 로드레(Louis Roederer)는 러시아 황제 알렉상드르 2세(Alexander Ⅱ)의 주문에 따라 차르의 샴페인인 "크리스탈(Cristal)"을 탄생시켰다. 루이 로드레는 1974년 빈티지에서 코르크에 문제가 생겼을 때 그냥 넘어가지 않고 80만병을 전부 수거해 버리는 결단을 보여준 바 있다. 루이 로드레가 러시아 황제를 고객으로 유치할 수 있었던 것도 2세기에 걸쳐 완벽을 추구해온 올곧은 집념이었을 것이다. 루이 로드레뿐 아니라 1829년에 설립된 볼랭저(Bollinger), 1849년에 설립된 폴 로저(Pol Roger) 같은 독립적인 샴페인 하우스가 오직 가족 승계로만 가업을 이어가며 전통을 지키고 있다.

　샴페인이 샴페인이 될 수 있었던 데엔 셀럽들의 공로가 지대하다. 돔 페리뇽은 엘리자베스2세 여왕의 대관식용 샴페인으로 사용되었고, 찰스

"돔 페리뇽 X 제프 쿤스 콜라보레이션"에 의한 〈돔 페리뇽 벌룬 비너스 바이 제프 쿤스〉

왕세자와 다이애나 비의 결혼식 축하 샴페인으로도 쓰였다. 또한 돔 페리뇽은 아티스트들과 협업하여 독특한 디자인의 라벨을 선보이는 것으로도 유명하다. 예컨대, 2013년에는 제프 쿤스와의 협업으로 독특한 오브제를 창조했다.

파이퍼 하이직, 뀌베 브뤼   piper-heidsieck.com

1785년 설립된 샴페인 하우스 "파이퍼 하이직(PIPER-HEIDSIECK)"의 샴페인은 루이 16세의 왕비 마리 앙투아네트(Marie Antoinette)가 가장 사랑하였다. 그래서일까? 이후 유럽 14개국 왕실의 공식 샴페인이 되었다. 앙투아네트는 매일 밤 파이퍼 하이직의 달콤한 맛과 함께 잠이 들었다고 한다. 한편, 산소를 마시듯 샴페인을 즐겼다고 하는 마릴린 먼로는 파이퍼 하이직으로 아침을 맞았다. 1953년 5월의 한 인터뷰에서 남긴, "나는 샤넬 N°5를 입고 잠이 들고 파이퍼 하이직 한 잔으로 아침을 시작해요."라는 말은 영화와 현실을 구분치 못하게 하는 명대사이다. 그녀는 욕조에 350병의 샴페인을 부어 호사스러운 목욕을 즐겼다 할 정도로 파이퍼 하이직에 각별한 애정을 가졌다고 한다.

오직 샹파뉴산(産)만 칭호를 누릴 수 있는, 와인이지만 다른 와인. 시력이 거의 맹인에 가깝지만 미각만은 탁월했던 수도사 피에르 페르농의 장인정신이 완성한 돔 페르농. 파이퍼 하이직이라는 한 브랜드에 전설을 입힌 마리 앙투아네트와 마릴린 먼로. 그리고 등등. 샴페인은 이러한 내러티브들에 의해 하나의 장르가 되었다.

NFs: 품질, 차별성, 정체성, 진정성, 품격, 이야기, 셀럽
IPs: 샹파뉴, 돔 페리뇽, 크리스탈, 빈티지, 철사구조의 코르크 마개

19. 쇼메 CHAUMET

"조세핀 황후가 흠뻑 빠져든 황실의 주얼리"

주얼리는 항상 인간을 흔들리게 한다. 역사적으로도 그랬다. 쇼메(CHAUMET)는 유럽의 역사와 함께 한 역사적 주얼리이다. 쇼메는 게다가 세련된 디자인과 섬세한 장인정신을 통해 황실을 감동시킨 하이 주얼리(high jewelry)이다. 특히 쇼메를 격하게 총애했던 이는 프랑스 제1제국 황제 나폴레옹(Napoléon Bonaparte: 1769~1821, 재위 1804~14, 1815)의 황후, 조세핀(Joséphine de Beauharnais: 1763~1814)이다. 나폴레옹과 조세핀을 빼고는 쇼메 그 자체를 이야기할 수 없다.

1780년, 쇼메의 전설이 시작되었다. 쇼메의 창업자인 마리-에트엔느 니토(Marie-Étienne Nitot: 1750~1809)는 한 남자를 만나면서 영화 같은 사건의 주인공이 되었다. 전쟁이 지속되던 유럽의 한 추운 겨울날 새벽에 니토의 가게 앞에 추위와 배고픔으로 쓰러져 죽어가던 한 군인을 본 니토

chaumet.com

(좌) 마리-에트엔느 니토
(중) 니토가 제작한 보검을 착용한 나폴레옹 황제
(우) 밀이삭 티아라를 쓴 조세핀 황후

가 그를 들여와 잘 보살펴주었는데 그가 바로 나폴레옹이었다는 설도 있고, 전쟁에서 승리한 나폴레옹이 파리 시가를 행진하던 중 그의 말이 갑자기 흥분해 앞으로 질주하였는데 이를 지켜보던 젊은 니토가 뛰어나가 말을 저지함으로써 나폴레옹이 생명을 건졌다는 말도 있다. 아무튼 결론은 이후 나폴레옹이 니토에게 보답을 했고, 니토는 그로 인해 신세가 바뀌었다는 것이다.

나폴레옹은 1792년 6살 연상인 조세핀에게 청혼하기 위해 니토에게 반지를 부탁했고, 1804년 자신의 대관식에 쓰일 왕관과 보검 등 많은 예물을 니토에게 만들도록 했다. 대관식에 참여한 교황 비오 7세(Pie VII: 1742~1823)에게 선물할 교황관(教皇冠) 제작도 니토에게 맡겼는데, 결정적으로 이 교황관을 본 조세핀이 니토의 예술성과 장인정신에 흠뻑 빠져든 나머지 그 자리에서 니토를 황실 전속 주얼러(jeweller)로 임명하였다. 뒷얘기는 가히 짐작할 수 있다. 조세핀의 총애는 막강하였고, 니토는 나폴레옹의 황실 뿐 아니라 널리 유럽의 왕실로부터 주얼리를 주문받게 되었다. 이제 쇼메는 제국의 보석을 다루게 되었고, 유럽 왕가 뿐 아니라 귀족과 신흥 부유층의 마음을 사로잡으며 유럽 상류사회의 품위와 흥취를 이끌었다. 그렇다면 니토는 다만 운이 좋았을 뿐일까? 아니다. 그는 애초 마리 앙투아네트(Marie Antoinette: 1755~1793) 왕비의 전속 주얼러인 오베르(Aubert)의 기술후계자로서, 이미 황실의 품격을 충분히 이해하고 구현해낼 수 있는 미감과 기술을 갖추고 있었다.

"조세핀(Joséphine)"은 결국 쇼메를 대표하는 시그니처 컬렉션이 되었다. 최고 권력을 바탕으로 프랑스와 유럽 상류층의 유행을 선도했고, 게다가 감성까지 충만했던 조세핀. 쇼메가 이 역사적 여인의 화려함을 현대적 패션과 스타일로 녹여낸 것이 조세핀 컬렉션이다. 특히 조세핀의 티아라와 장신구는 나폴레옹 제국 시대의 영화를 상징적으로 응축하고 있는데, 황금과 진주와 스톤의 조화로 완성된 그녀의 화려한 아름다움은 지금도 조세핀 컬렉션으로 재탄생되고 있다.

쇼메를 말할 때 티아라(tiara)를 거론하지 않을 수 없다. 티아라는 천이나 금속의 재료를 가공해 머리 앞쪽 위에 살짝 얹는 반원형의 보석 장신구를 말한다. 왕관모양의 이 여성용 머리 장식은 부와 신분과 권력의 상징이다. 티아라는 파티와 결혼식에 모인 왕족과 귀족 여성들의 자존심이었기에, 그들은 최고의 티아라를 위해 결코 돈을 아끼지 않았다. 이 티아라의 세계에서 쇼메는 단연 지존이었다. 쇼메의 로고에도 티아라가 얹혀 있을 정도로 티아라는 쇼메의 상징적인 내러티브이다. 1780년부터 왕실과 귀족 가문을 위해 2,000개 이상의 티아라를 만들어 온 쇼메는 지금도 끊임없이 새로운 스타일의 티아라를 선보이고 있다. 티아라의 모든 것

(좌) "바람에 흩날리는 밀이삭 모티브 티아라": 골드·실버·다이아몬드. 1811년경. 조세핀 황후의 요청으로 수확과 풍요의 의미를 가진 밀이삭은 끊임없이 다양한 주얼리로 재해석되었다.
(중) "부르봉–파르마(Bourbon–Parme) 티아라": 부르봉–파르마 가문의 식스투스 왕자(Prince Sixtus)의 결혼식을 위해 제작. 플래티넘·다이아몬드, 1919년.
(우) "선홍색의 열정(Passion incarnat) 티아라": 뜨거운 열정을 표현한 관능적인 붉은 백합. 골드·다이아몬드·레드 스피넬 등. 2016년.

은 드로잉에서 시작된다. 공방(工房)에는 400,000개의 드로잉 아카이브를 보유하고 있다.

"자기만의 특별한 티아라를 제작하려면 500~1,500시간, 즉 약 2개월에서 6개월에 이르는 작업 기간이 필요합니다. 각각의 티아라는 성형, 분해, 세팅 준비, 폴리싱, 다이아몬드 재커팅, 세팅, 홀마크 각인, 쇼메 인그레이빙, 최종 조립 및 마감의 여러 단계를 거쳐 완성됩니다."

장인의 정교한 작업은 한 명의 주얼러 마스터에서 다음 세대의 마스터로 전수되며 240여 년간 이어져 오고 있다. "최고의 스톤 · 특별한 디자인 · 궁극의 섬세함을 지닌 장인의 손길"이 결합된 하이 주얼리는 오로지

한 작품만 제작하는 특별한 주얼리로서, 주얼리계의 오뜨 꾸뛰르(haute couture) 작품이라고도 불린다. 쇼메는 매년 세상에 단 하나만 존재하는 한정판 하이 주얼리를 제작하여 발표하고 있다.

쇼메는 또한 세계 최초로 주얼리 워치를 탄생시키기도 했다. 니토의 아들인 프랑스와 레그노 니토(François-Regnault Nitot: 1779~1853)가 럭셔리 시계 브랜드 브레게(Breguet)의 창업자인 아브라함-루이 브레게(Abraham-Louis Breguet: 1747~1823)와 협업해 1811년경 완성한 최초의 주얼리 워치는 조세핀 황후가 자신의 며느리인 아우구스타 바바리아(Augusta of Bavaria: 1788~1851) 공주를 위해 주문한 것이었다.

쇼메의 창조에 풍부한 영감을 불어넣어주는 원천은 자연이다. 쇼메의 모든 작품은 사실 야생의 자연을 우아하게 재해석해 표현한 것이다. 쇼메의 디자이너들은 원시 자연의 생동하는 모습 그대로를 담아내기 위해 놀라운 창의력을 발휘한다. 주얼리라는 하나의 작품은 야생화와 덤

chaumet.com

최초의 쇼메 손목시계. 조세핀 황후의 며느리인 아우구스타 바바리아 공주가 소유했던 손목시계 한 쌍. 골드·에메랄드·진주. 1811년경, Breguet 무브먼트.

〈자연에서 받은 영감〉
1. "공작 깃털 브로치": 골드·실버·사파이어·루비·다이아몬드. 1870년경.
2. "벌새 모티브의 아그레뜨(Aigrette)": 골드·실버·루비·다이아몬드. 1880년경.
3. "호랑가시나무 브로치": 골드·실버·진주·다이아몬드. 1890년경.
4. "문어 모티브 네크리스": 골드·수정·벽옥·다이아몬드·루벨라이트. 1970년.

블·정원에서 자라나는 식물·우아하게 뻗은 풀잎·단순하면서도 상징적인 나뭇잎 등 주변에 흔하면서도 문화적 가치를 읽어낼 수 있는 생물에 섬세하고 우아한 디테일을 더해 완성된다. 과거와 현대의 컬렉션에 고스란히 담겨 있는 이 자연주의는 쇼메가 수 세기 동안 소중하게 지켜온 고유의 전통이다.

쇼메는 오직 최고 품질의 다이아몬드만을 선별해 사용한다. 쇼메가 세팅하는 모든 다이아몬드는 4C라고 알려진 "컬러(color), 투명도(clarity), 컷(cut), 캐럿(carat)"의 공인된 기준에 따라 엄선된다. 쇼메는 항상 더 희귀하고 더 특별한 다이아몬드를 찾는다. 하지만 여기서 윤리적 책임을 잊지는 않는다. 쇼메는 광산에서 매장에 이르는 주얼리 산업 전반에 걸쳐 투명하게 사업을 운영하며 윤리적, 인권적, 사회적, 환경적 측면에서 책임감 있는 관행을 촉진하는 데 헌신하고 있다고 말한다. 부와 권력을 누리는 자들에게 화려한 아름다움을 충족시키는 일은 세상의 가장 빈약한 이들로부터 출발하기에, 모든 럭셔리 산업에게 윤리적이고 책임 있는 원자재 구매는 사실 노력해야 할 미덕이 아니라 진실한 의무임이 틀림없다.

흔히 "역사적인"이란 수식어는 꽤 특별하고 획기적이란 뜻으로 쓰이는데, 나폴레옹·조세핀과 쇼메의 인연은 정말 역사적인 전설이다. 황실·왕실·귀족의 눈높이를 만족시킨다는 것이 수월했을 리 없다. 티아라를 위시해서 쇼메의 전통과 품격을 상징하는 수많은 제품은 바로 이러한 엄격한 관문을 통해서 창조된 것이다. 황실과 연결된 이야기, 장인정신이 충만한 품질, 자연주의를 구현한 디자인 등이 쇼메를 불후의 명작으로 만든 내러티브들이다.

NFs: 품질, 차별성, 정체성, 품격, 철학, 사회공헌, 이야기, 셀럽
IPs: 나폴레옹, 조세핀 컬렉션, 티아라, 하이 주얼리, 주얼리 워치

20. 에르메스 HERMÈS

"우리는 그냥 에르메스가 아니라 에르메스 파리이다."

1945년에 상표로 등록한 에르메스의 로고에는 뒤끄(duc)라 불리는 사륜마차와 마부가 그려져 있다. 19세기 프랑스의 귀부인들 사이에서 유행했다는 이 고급마차가 빈 채로 서있는 것은, 마차에 탈 귀한 손님을 에르메스가 기다리고 있음을 나타낸다. 멋진 마부와 늠름한 말, 그리고 우아한 마차가 상징하는 것은 최고의 완성도를 갖춘 제품이다. 마차에 탄 고객은 당연히 비싼 값을 치러야 한다.

최고의 원단, 최고의 가죽, 최고의 솜씨. 에르메스는 최고의 품질을 위해 원가 절감을 하지 않고, 한 철 유행이 아닌 대를 물려 사용하는 제품을 만들어낸다고 말한다. 에르메스의 철학은 마케팅이나 광고보다는 오로지 품질에 집중한다는 것이다.

에르메스의
가죽가방 공방

"에르메스 최초의 고객은 말[馬]입니다. 말은 광고를 볼 줄도 모르고 세일이나 판촉 행사에 초대되지도 않습니다." hermes.com

    품질에 대한 높은 기준은 에르메스가 세계적인 브랜드로 올라선 원동력이다. 에르메스는 오늘도 여전히 장인 한 사람이 하나의 제품을 처음부터 끝까지 완성한다. 대량생산과 분업을 거부하고 전통적인 수공예 공정을 고집하고 있다. 제품마다 장인의 고유 표식이 새겨지고, 수선 요청이 들어오면 해당 장인이 직접 고친다고 한다. 에르메스의 가죽가방은 100% 프랑스에서만 제작하는데, 에르메스의 장인이 되기 위해서는 가죽

파리의 에르메스
본사 사옥

장인학교에서 3년 공부를 마친 후, 공방에서 다시 2년의 수련과정을 거쳐야 한다. 오직 하나의 브랜드만을 고수한 에르메스의 힘이다. 60여 개 명품 브랜드를 거느린 LVMH가 지금도 꾸준히 에르메스의 주식을 매입하는 이유는, 에르메스를 손에 넣어야 진정한 명품 그룹이 완성된다고 보기 때문이다.

1837년 티에리 에르메스(Thierry Hermès: 1801~1878)가 프랑스 파리에서 안장과 마구용품 등을 생산하는 마구상(馬具商)을 시작하면서 탄생한 에르메스는 품질에 대한 헌신으로 인해 바로 유명해졌다. 1867년, 파리에서 열린 만국박람회(Exposition Universelle)에 참가한 티에리 에르메스는 자신의 마구 제품으로 1등상을 수상하며 에르메스 마구의 견고하고 뛰어난 품질을 공인받았다. 이에 나폴레옹 3세(Napoleon III)같은 왕족까지도 에르메스의 고객이 되었다.

이후로 대를 이어 진행된 에르메스의 전진에서 가장 중요한 키워드는 품질이다. 에르메스가 새롭게 발명하거나 도입한 기술적 디테일은 지금도 에르메스를 특별하게 한다. 에르메스의 가죽제품에서 가장 중요한 디테일은 박음질이다. 에르메스 역사의 시작인 안장 제작엔 "새들 스티치(Saddle Stitch)"라 불리는 수공 박음질 기법이 쓰이는데, 이 기술을 핸드백과 여행가방에 적용하여 고급스러운 가죽제품을 만들었다. 이 새들 스티치는 에르메스의 모든 가죽제품의 표면에서 에르메스의 정체성을 보여주는 시각적인 표상이다. 또 에르메스의 3세대 경영자인 에밀 모리스 에

mixtemagazine.ca

에르메스의 스카프와 넥타이

르메스는 미국에서 지퍼를 발견하곤 1923년 프랑스에 처음으로 지퍼를 단 최초의 가방, 볼리드 백(Bolide Bag)을 선보이기도 했다.

우연한 사건이 제품 출시의 계기가 되기도 했다. 1937년, 에르메스의 4대 회장인 로베르 뒤마는 군인들이 사용하는 지도 등의 인쇄물을 보고 이를 응용해 여성용 실크스카프, "까레(Carré: 프랑스어로 정사각형이란 뜻)"를 만들었다. 더 나아가 에르메스는 까레에 동물이나 사물 등 다양한 모티브를 추가하여 스카프를 하나의 라인으로 독립시켰다. 이제 에르메스 스카프는 패션소품을 넘어 수집하고 액자에 넣어 감상하는 이가 있을 정도로 예술작품의 경지에까지 올랐다. 에르메스가 남성용 타이를 출시하게 된 사연도 독특하다. 에르메스 칸(Cannes) 매장 옆의 카지노는 타이를 매지 않은 손님은 출입시키지 않았는데, 이를 몰랐던 손님이 급히 타이를 사기 위해 칸 매장에 들리는 경우가 많았다. 이에 매장 매니저였던 바비 브루워드(Bobby Breward)가 당시 에르메스 회장인 로베르 뒤마에게 제안해 1953년부터 판매를 시작한 것이 남성용 타이이다.

에르메스는 셀럽과의 인연 또한 각별하다. 대기자 명단에 올려야 살 수 있다 하여 기다림의 백으로 불리는 "켈리 백(kelly bag)"은 애초 "쁘띠 삭 오뜨 아 크루아(Petit Sac Haute A Courroie)"란 이름으로 1937년에 나왔다. 그런데 1956년, 모나코 왕세자비 그레이스 켈리(Grace Kelly: 1929~1982)가 이 가방으로 임신한 배를 가리고 있는 사진이 당시 유명한 대중지 "라이프(LIFE)"의 표지를 장식하자 사람들은 켈리 백이라 부르게 됐다. 로베르 뒤마가 직접 모나코 왕실을 찾아가 사정하여 허락을 받은 후 공식적으로 켈리 백이라 명명하였다.

 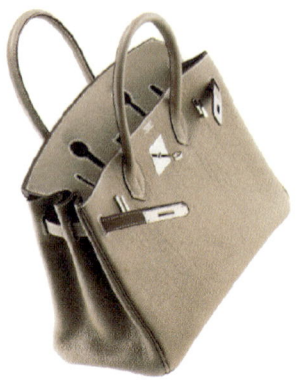

(좌) 켈리 백 (우) 버킨 백

"버킨 백(Birkin bag)" 역시 흡사한 경우이다. 제인 버킨(Jane Birkin: 1946~)은 자유로운 멋의 패션 아이콘으로 유명했던 영국 셀럽이다. 1984년, 에르메스의 5대 회장 장 루이 뒤마의 비행기 옆 좌석에 앉은 제인 버킨이 가방에서 무언가를 꺼내다가 내용물을 쏟고 말았다. 장 루이 뒤마가 이를 보고 이모저모 수납이 잘 되는 가죽가방을 제작할 생각을 하게 되어 탄생한 것이 버킨 백이다.

에르메스는 제품의 완성 뿐 아니라 제품의 출발점인 소스에 대해서도 기준이 엄격하다. 에르메스는 구매하는 원재료가 윤리적으로 인증된 것인지를 명확히 따진다. 예컨대, 다이아몬드의 경우 광산에서의 채취부터 에르메스 매장의 보석 판매에 이르기까지 철저하게 윤리적 기준을 점검한다. 제품을 구입할 때 고객에게는 이러한 윤리적 준수의 내용이 상세히 적힌 증명서가 주어진다. 또 에르메스는 고객 뿐 아니라 사회와도 소통한다. 아르티장(artisan: 장인)을 아르티스트(artiste: 예술가)와 동일시할 정도로 자랑스럽게 여기는 에르메스는 예술가들을 존중하고 지원한다. 에르메스는 매출 대비 광고비를 낮추면서 에르메스 재단(Fondation d'entreprise Hermès)을 통해 전 세계에 여러 가지 문화예술 후원활동을 전개해왔다. 문화예술계 발전을 위해 에르메스는 현대미술에 대한 지원이나 젊은 작가에 대한 창작 지원 등을 통해 명품 브랜드에 걸 맞는 위상을 유지하고자 기업의 수익을 사회에 환원하고 있다.

 예술품의 경지에 오른 명품. 품질과 디자인 모두 최고의 경지여야만 얻을 수 있는 이 찬사는 오직 장인의 길만을 걸어온 데 대한 보답이다. 1837년 이래 명품의 여정을 빛낸 것은 때론 섬세하고 때론 과감한 디테일의 혁신이다. 에르메스의 디테일에는 항상 목적이 있었고, 그 목적은 언제나 기대 이상으로 이루어졌다. 에르메스엔 크고 작은 모든 것이 내러티브이다.

NFs: 품질, 차별성, 정체성, 진정성, 품격, 철학, 사회공헌, 이야기, 셀럽
IPs: 마구(馬具), 새들 스티치, 켈리 백, 버킨 백, 까레

21. 에비앙 evian

"우리는 자연이 제공하는 것보다 더 많은 것을 가져가지 않는다."

유기체로서의 우리 몸이 제대로 기능하기 위해서는 물이 필요하다. 물은 체온 조절과 정상적인 신체 및 인지 능력의 유지에 관여한다. 몸이 기능을 제대로 작동하기 위해서는 하루에 최소 2 리터 정도의 물을 섭취해야 한다. 인간은 물과 떨어질 수 없는 존재이고, 대체로 물은 인간 옆에 늘 있어왔다. 조선 후기의 봉이 김선달이 위계(僞計)에 의해 대동강의 물을 팔아먹은 바 있었는데, 또 다시 물이 상품이 된 일이 1824년 프랑스에서 일어났다. "에비앙(evian)"이다. 그런데 이번엔 물이 "약"이라는 개념으로 상품이 된데다 고객이 먼저 찾았다는 점이 다르다. 김선달이 실존인물이라 하나 정확한 생졸 년대를 알 수 없는데다 물판매가 사기행위였다는 점에서라도 생수판매 원조를 주장하긴 어렵다.

프랑스의 작은 마을 에비앙(원래 이름은 Évian-les-Bains 에비앙 레

evian.com　　　　　　　　　　　　　알프스 산맥과 레만 호수

방)은 배산임수(背山臨水)가 기가 막히다. 가장 크고 아름다운 알프스 산맥(Alps)을 뒤로 하고, 앞으로는 레만 호수(Lake Leman)를 마주한다. 주민 10명 중 1명이 에비앙 공장에 다니고, 2명 중 1명은 에비앙과 연관 업종에 종사한다는 물의 도시 에비앙. 물이 돈을 주고 사먹는 생수가 된 데는 유래가 있다.

프랑스 혁명이 일어났던 1789년, 평소 신장결석을 앓았던 레세르 후작(Marquis of Lessert)이 에비앙에 휴양하기 위해 방문했다. 친구인 카샤(Cachat)의 땅에서 솟아오르는 생 카트린(Sainte Catherine)의 샘물을 주기적으로 마셨는데, 뜻하지 않게 오랫동안 그를 괴롭혔던 신장결석이 기적처럼 완치됐다. 샘물을 마시고 병을 치료했다는 사실이 알려지자, 사람들은 그 물의 효험을 찾아 에비앙으로 몰려들었다. 방문하는 이들이 많아지자 카샤는 1824년, 자기 이름을 따 "카샤의 물(Source Cachat)"이라는 이름으로 생수를 판매했다. 세계 최초의 판매용 생수가 탄생한 것이다. 소문이 전해지자 나폴레옹 3세와 황후까지 애용하게 되었고, 1864년 황제는 공식적으로 이 작은 마을에 "에비앙"이라는 이름을 하사했다. 1878년, 에비앙 생수는 뛰어난 치료 효과를 인정받아 프랑스 의학아카데미로부터 의학인증까지 받았고, 프랑스정부로부터 공식 판매 허가를 받아 상품화된 최초의 물이 되었다. 에비앙의 로고에 그려진 산 모양은 20세기 초반에 만들어졌는데, 에비앙의 물을 마을 앞 호수에서 퍼오는 것으로 오해하는 사람들에게 알프스가 그 원천임을 강조하기 위해 그려 넣은 이미지라 한다.

 에비앙의 천연 샘물은 알프스의 빙하 고원에 떨어지는 비와 눈으로 시작한다. 알프스의 고산에서 녹은 눈과 산지의 빗물은 산맥과 오지를 흐르고 두꺼운 빙하의 퇴적물을 통과하며 무려 15년 동안 천천히 이동한다. 이 여행을 통해 자연적으로 여과되고 전해질과 미네랄이 강화되며 중성적으로 균형 잡힌 pH 7.2를 함유하게 된다. 프랑스의 작은 마을 에비앙에

	TAP WATER	FILTERED WATER	ENHANCED WATER	evian NATURAL SPRING WATER
ORIGIN	Municipal water of multiple origins	Multiple origins	Multiple origins	Cachat Spring in the French Alps
PROCESS	Disinfection	Disinfection	Disinfection or distillation	Filtered by nature
ADDITIVES AND ENHANCEMENTS	Yes	Yes	Yes	No

여러 수질과 에비앙의 비교   evian.com

evian.com

Limited Edition: 왼쪽부터 Elie Saab, KENZO, Alexander Wang, Christian Lacroix, Chiara Ferragni, Virgil Abloh(2)

서 끌어올린 지하수가 치료효과가 있는 "신비의 물"이 되었던 것도 이 때문이다. 특유의 시원하고 산뜻한 맛은 이 여정의 결과이다. 그들은 에비앙이 천연의 환경이 만들어 내는 것이기에 가장 안전하고 가장 건강한 생수라고 확언한다.

    에비앙은 용기에서도 특별함을 보여준다. 일반적인 생수 용기의 색깔과 달리 에비앙은 분홍색을 사용한다. 당시 주 소비자가 미용을 목적으로 음용하던 여성이었기 때문이다. 질적인 측면에선 이미 최상급이었기 때문에 이미지의 차별화를 주저 없이 택할 수 있었다. 에비앙은 실용성 면에서도 많이 고민했음을 보여준다. 페트병의 표면에 요철을 넣어 포장과 운송의 편의를 증진시켰다. 최근에는 유명 디자이너 및 아티스트들과 협업하여 병 디자인을 이색적으로 꾸미는 작업을 한다. 해마다 내놓는 이 한정판 생수는 말 그대로 특별한 마케팅이 된다. 이제 에비앙 병은 마니아들의 새로운 수집 아이템으로 추가되었다. 신상품 개발이라는 면에서 오리지널 생수는 가공이나 변용할 수 없다는 자체 한계가 있다. 한정판 용기는 이러한 한계를 색다른 방식으로 돌파하여 새로운 에비앙으로 변모시킨 것이다.

셀렙의 요소 또한 에비앙의 가치를 높여준다. 마릴린 먼로가 샴페인으로 목욕했다면, 마돈나는 에비앙이었다. 순회공연을 다니는 호텔마다 욕조에 에비앙을 채워달라고 요구했다 한다. 아가사 크리스트의 명작 〈오리엔트 특급 살인(Murder on the Orient Express)〉에도 식당칸에 에비앙이 없다고 불평하는 장면이 나오는데, 내가 마시는 것은 물이 아니라 에비앙임을 뽐내는 콘셉트이다. 상류층의 식탁에 오르는 물로 공인되지 않았다면 나올 수 없는 대사이다.

140개 이상의 국가에서 판매되는 세계 최고의 프리미엄 천연 샘물. 그들은 이 자부심을 지키기 위해 하루에 300개 이상의 물 테스트를 수행한다. 에비앙은 품질 보장을 위한 노력과 더불어 환경보존과 사회공헌에

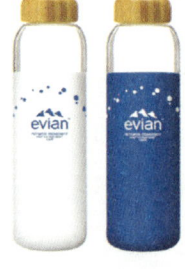

evian.com　　　　　(좌) evian (re)new water　(우) evian Soma bottle

도 열정적이다. 에비앙이 집중하는 것은 재활용과 재사용 같은 "순환 경제"이다. 2018년에는 2025년까지 100% 재활용 플라스틱 병(rPET)을 만들어 사용하겠다고 약속했다. 재사용이 가능한 새로운 형식의 "(re)new" 생수도 지금 시험사용 중에 있다. 또한 소마(Soma)와 협업하여 출시한 "소마 물병"도 리필이 가능한 유리병이다. 카페와 호텔 및 레스토랑에서는 유리병에 담긴 생수만 제공하는 것도 같은 맥락이다. 프랑스에서는 70%이상이 반환된다 한다. 생수를 트럭보다는 기차로 운송한다든지 병의 무게를 줄인다든지 100% 재활용을 하게 되면, 화석연료 사용이 줄어 이산화탄소 배출량을 감소시킬 수 있다며 실천한다. 또한 에비앙은 물 생태계를 둘러싼 지역사회와 사람들에게도 지속적으로 투자한다. 미래의 수력지질학자들을 위해 물 연구소도 만들었다. 많은 명품들 중 홈페이지에 에비앙만큼 환경보존과 공동체를 위한 노력을 구구절절 설명하고 강조한 브랜드도 없을 것이다.

> "자연은 우리 물이 필요로 하는 모든 것을 줍니다. 우리는 우리의 모든 것을 자연에 빚지고 있기 때문에 자연에 대한 보존과 보호에 전력을 다하고 있습니다. 우리는 포장 폐기물을 제한하고 재활용을 촉진하기 위한 혁명적이고 지속 가능한 방법을 끊임없이 찾고 있습니다."
> evian.com

신비의 물과 알프스라는 연고로, 건강하고 깨끗한 물의 이미지는 에비앙만이 전유한다. 젊은 여성들과 부자와 셀렙들이 에비앙으로 세수하고 목욕하면서, "귀족"의 이름을 달게 되었고 비싼 돈을 주고서라도 사 먹는 물이 되었다. 에비앙은 이 권력을 계속 누리기 위해 품질과 환경과 공헌을 끊임없이 고민하고 실천을 좇는다. 이러한 내러티브가 에비앙을 생수계의 일인자로 올려놓은 것이다.

NFs: 품질, 차별성, 진정성, 철학, 사회공헌, 이야기, 셀럽
IPs: 알프스, 한정판 생수병, 소마 물병

22. 웨지우드 WEDGWOOD

"영국 왕실을 감동시킨 여왕의 도자기"

wedgwood.com

1759년, 조샤이어 웨지우드(Josiah Wedgwood: 1730~1795)가 영국의 대표 도자기회사인 "웨지우드(WEDGWOOD)"를 설립했다. 조샤이어는 영국 스태퍼드셔(Staffordshire) 버슬렘(Burslem)의 도공 집안에서 태어났으며, 오늘날 "영국 도예가의 아버지"로 불린다. 그는 끊임없는 실험을 통해 새로운 소지(素地)와 유약(釉藥) 및 채식법(彩飾法)을 개발하였고, 고온계(高溫計)를 발명하였으며, 증기 동력을 사용하였다. 가히 도자기 제조에 혁명을 가져왔다고 할 수 있다. 또한 그는 원료와 제품 수송·노동 관리와 원가 계산·국내외 시장 개척 등 사업 방면에서도 탁월한 역량을 발휘하였다. 뿐만 아니라 우편 판매·환불 보증·무료 배달·셀럽의 광고·삽화 카탈로그·원 플러스 원 무료 구매 등과 같은, 오늘날 일반적인 많

(좌) 조샤이어 웨지우드
(우) 웨지우드가 제작한 이 도자기 메달은 "나는 인간이 아니며 인간의 형제가 아닌가?"라는 메시지를 통해 노예제의 비윤리성을 인식하도록 촉구했다.

은 판매 기법이 그로부터 나왔다. 그의 특별함은 또 다른 두 가지로도 증폭된다. 하나는 그가 도자기 물레조차 돌릴 수 없었던 역사상 가장 유명한 도예가라는 점이다. 젊은 시절 앓은 천연두 후유증으로 오른쪽 다리를 절단하였기에 도자기 물레를 돌릴 수 없었지만, 신체적 장애를 극복하고 역사적인 도자기 제국을 건설하였다. 다른 하나는 그가 사회개혁가이자 자선가였다는 사실이다. 1787년 리버풀 항구를 방문했을 때 노예무역의 잔혹함을 보곤 1795년 사망할 때까지 매우 적극적으로 노예무역 반대운동을 이끌었다.

1765년, 영국의 샬롯(Charlotte) 왕비가 영국 왕실을 위한 식기를 처음으로 주문하였다. 조샤이어가 만든 크림색 도자기에 왕비는 크게 감동하여 "여왕의 도자기(Potter to Her Majesty)"라는 명칭을 허락하였고, 이로써 "퀸즈 웨어(queen's ware)"가 시작되었다.

wedgwood.com

(좌) 자스퍼웨어 컬러
(중) Prestige Hitomi Hosono Shōka Vase. 히토미는 우아한 그리스 식 항아리 모양·트윈 핸들·옅은 푸른 색상으로 잘 알려진 자스퍼 포틀랜드 화병을 하얀 양치식물 잎사귀 부조로써 현대적으로 재해석했다.
(우) 화병의 밑면. 1910년부터 모든 디자인에 "Made in England"를 기입했다.

    1773년, 캐서린(Catherine) 러시아 여제가 러시아 왕실의 공식만찬에 쓰기 위해 영국식 정원과 풍경이 디자인된 50인용 퀸즈 웨어 도자기를 주문하였다. 952개의 핸드페인트 도자기로 구성된 이 디너세트는 지금 상트 페테르부르크(St. Peterburg)에 있는 에르미타주(Ermitazh) 박물관에 전시되고 있다.

    1774년, 조샤이어는 수천 번의 시도 끝에 자스퍼(Jasper) 재질을 완성하였다. 유약 대신 산화물을 첨가해 색깔을 낸 자스퍼는, 1760년대 폼페이 유적지에서 발굴된 유물로부터 모티브를 얻어 그리스 · 로마신화의 이미지를 살려낸 무광택의 스톤웨어 재질이다. 이 재질로 만든 자스퍼웨어(Jasperware)는 블루 · 그린 · 라일락 · 옐로우 · 블랙 · 화이트로 제작되는데, 한 작품에 여러 색을 섞어 만들기도 한다. 웨지우드의 자스퍼웨어는 숙련된 도공에 의해 창조되며 아름다운 부조(浮彫) 장식은 수작업으로 붙여진다. 중간색의 순수한 느낌을 주는 청색, 일명 웨지우드블루(Wedgwood Blue)는 자스퍼웨어 뿐 아니라 웨지우드를 상징하는 시그니처이다.

 1789년, 조샤이어는 고대 로마 유적에서 나온 유리 화병을 완벽하게 재현해 냈다. 애초 이 화병은 로마 교황 집안인 바르베리니(Barberini) 가문에서 150여 년간 소장하고 있었기에 바르베리니 화병이라 했는데, 여기에는 선명하게 대비되는 두 색깔의 유리를 덧입힌 다음 이를 정교하게 깎고 다듬어 부조(浮彫) 형식으로 만드는 카메오 기법이 적용되어 있다. 이 화병은 나중에 영국 포틀랜드(Portland) 공작부인에게 팔림으로써 포틀랜드 화병이라 불리게 되었고, 지금은 대영박물관에 전시되어 있다. 신고전주의 양식의 이 화병으로부터 영감을 받은 조샤이어는 유리 화병을 도자기로 재현하기 위해 포틀랜드 공작으로부터 이 화병을 빌렸고, 4년 이상 매달려 마침내 자스퍼 포틀랜드 화병을 만들어냈다. 조샤이어는 최고

blog.naver.com/britishcouncilkorea

(좌) 로마 유물인 바르베리니 화병(포틀랜드 화병)
(우) 조샤이어가 재현한 자스퍼 포틀랜드 화병

(상) 와일드 스트로베리 패턴의 제품
(하) 1809년 웨지우드가 런던에 오픈한 쇼룸

의 도공이 되기 위해 고대 로마제국의 최고 걸작을 재탄생시킨 것이다. 웨지우드의 로고에 표현된 포틀랜드 화병이 바로 자스퍼웨어로 재해석된 이 자스퍼 포틀랜드 화병이다.

1806년, 시공을 초월한 베스트셀러이자 스테디셀러로서 오랜 시간 동안 전 세계 웨지우드 마니아들로부터 가장 크게 사랑받은 제품이라 할 "와일드 스트로베리(Wild Strawberry)"가 발표되었다. 우아하면서도 상큼한 느낌의 와일드 스트로베리 패턴은 웨지우드의 가장 상징적인 디자인이 되었다.

1812년, 웨지우드는 본차이나 재질을 완성하였다. 이전의 18세기까지는 중국으로부터 도자기를 수입하였는데, 이는 비싼 운송료와 긴 배송 기간 때문에 수요를 제대로 충족시킬 수 없다는 한계를 가졌다. 이 문제를 타개하기 위해 웨지우드는 영국 스타일의 본차이나를 만들어낸 것이다. 웨지우드 본차이나는 루즈벨트 대통령의 백악관 공식 집기로 사용된 것을 비롯해 전 세계적으로 저명한 인사들의 집에서 애용되는 식기류가 되었다.

샬롯 왕비 이후, 웨지우드는 모든 영국 왕가의 공식만찬식기로 사용되어 왔을 뿐만 아니라 미국의 백악관, 러시아 크렘린궁, 바티칸 교황청 등의 정찬테이블 위를 장식해 왔다. 웨지우드는 이후로도 계속 혁신과 변화를 꾀하면서 성장하였다. 1940년대부터는 현대방식의 공장에서 제품 생산을 하지만, 물레성형(throwing)·주형(modelling)·장식법(decorating) 등 기본적인 방식은 여전히 옛 장인들이 사용했던 전통적인 기술과 디자인을 고수하고 있다.

> "이러한 소중한 제작기술은 웨지우드의 전통적인 숙련공제도에 의해 유지되어 올 수 있었습니다. 웨지우드의 숙련공 프로그램은 웨지우드의 최고급 제품을 위해 재도입되었으며, 견습공이 장인이 되기 위해서는 10년간의 집중적인 교육기간이 필요합니다."
>
> wedgwood.com

조샤이어 웨지우드가 평생에 걸쳐 발명한 퀸즈웨어(Queen's Ware: 1762)·블랙 바살트(Black Basalt: 1768)·자스퍼(Jasper: 1774)의 세 가지 재질은 오늘날까지도 브랜드의 핵심이다. 그의 개척자 정신·활발한 디자인 정책·엄격한 품질 기준에 대한 노력과 헌신 때문에 웨지우드는 수세기동안 가장 영향력 있는 문화 아이콘이 되었다. 조샤이어가 추구한 제조기술에 대한 완벽주의는 주변 산업에도 많은 영향을 가져와 결국 당시의 산업혁명에까지 영향을 주었다. 또한 진화론의 창시자 찰스 다윈(Charles Robert Darwin)이 조샤이어 웨지우드의 손자일 정도로, 웨지우드 가문의 영향력은 영국사회의 여러 부분에 크게 미쳤다.

영국의 도자기 역사는 웨지우드와 함께 한다. 250년 넘게 세계적인 브랜드로 평가받는 영국의 대표적인 도자기회사 웨지우드는 가장 영국적인 품위와 디자인, 그리고 장인정신을 바탕으로 한 최상의 품질로 세계시장을 선점했고 명실상부한 최고의 럭셔리 상품이 되었다. 조샤이어 웨지우드의 열정적이고 도전적인 실험, 왕실과 영부인들을 감동시킨 품질과 디자인, 전설적인 제품 시리즈, 그리고 역사가 낳은 많은 이야기 등의 내러티브들이 웨지우드의 토대이자 자산이 되었다.

NFs: 품질, 차별성, 정체성, 진정성, 품격, 이야기, 셀럽
IPs: 샬롯 왕비, 퀸즈 웨어, 자스퍼, 웨지우드블루, 자스퍼 포틀랜드 화병, 본차이나

23. 이솝 Aēsop

"시장의 취향을 고려하지 않는다. 다만 진정성에 집중할 뿐."

aesop.com

최고 품질의 스킨, 헤어 그리고 바디케어 제품을 만들어 내는 것이 목표라는 "이솝(Aēsop)". 친환경 뷰티 브랜드인 이솝의 두 가지 키워드는 철학과 디자인이다. 이솝이 내세우는 철학은 윤리적 원칙과 도덕적 책임감. 다시 말하자면 사용자인 인간에게 해롭지 않을 뿐 아니라 건강한 삶을 증진시킬 수 있는 제품이어야 한다는 일종의 사명감이다. 이솝이 이러한 관념적 요소만큼 중시하는 또 하나의 요소는 디자인이다. 사실 이솝의 정체성을 각인시킨 것은 그만의 독특한 인테리어 디자인이라고 봐도 무방하다. 매장이 위치하고 있는 해당 지역의 문화적 개성을 감각적 "차이"로써 인테리어에 반영한다. 여기서 발산되는 차별적 감성은 "이솝의 이솝다움"을 궁극적으로 완성하고 있다.

1987년에 설립되었고 호주 멜버른에 본사가 있으며 전 세계에 매장

aesop.com

이솝의 디자인철학은 기능과 환경에 대한 배려 깊은 소통이다.

을 가지고 있는 이솝은, 조그만 미용실에서 시작되었다. 이 미용실을 운영하던 데니스 파피티스(Dennis Paphitis)는 암모니아 냄새가 심하고 화학 물질로 가득 찬 당시의 헤어 제품에 대해 물음표를 던졌다. 그리고 이 문제의식은 이솝의 창립으로 이어졌다. 화학에 대해서 전문지식은 없었지만 백방으로 노력한 끝에 직접 헤어 제품을 제작하기에 이르렀던 것이다. 기존 염색제에 에센셜 오일을 첨가한 것이 그 첫 제품이었다.

이솝의 출발은 사용자 친화적 제품 개발이었다. 방부제를 가급적 쓰지 않고 유기농 재료를 사용해야 한다는 생각은 신념이자 사명처럼 굳어졌다. 기준을 까다롭게 설정하기 때문에 지금도 하나의 제품을 개발하는 데엔 많은 시간이 걸린다. 제품 개발에 전 역량의 80%를 투여하기도 한다. 이는 대체로 패키지 디자인이나 마케팅에 대부분의 예산을 사용하는 일반적인 뷰티산업계의 현황과는 영 딴판이다. 스스로의 기준에 대한 가혹한 고집은 이솝의 진정성을 세워 올렸다.

이솝의 제품은 매우 독특한 접근 방식에 의해 개발된다. 화학약품과 화학물질에 대한 거부감에서 비롯된 출발이었던 만큼, 이솝의 연구개발은 숙련된 화학자들에 의해 이루어진다.

> "그들은 본사에 위치한 실용적이고 맞춤화 되어 있는 연구소에서 제품 아이디어를 내고, 배합에 대해 연구하고 견본을 만듭니다. 우리는 식물성 재료와 연구실에서 제조된 성분들을 공급하기 위해 폭넓은 조사를 하며, 반드시 효능과 안전성이 입증된 성분만을 사용합니다. 이솝은 세계 최고의 공급 업체로부터 조달 받은 원료에 최첨단 기술을 적용하고 오랜 과학적 경험과 원칙에 따라 최고 품질의 제품으로 탄생시킵니다." aesop.com

aesop.com

이솝 도쿄 매장

aesop.com

이솝 밀라노 매장

　한편 이솝의 특별함은 디자인이다. 이는 두 가지로 말할 수 있다. 하나는 실험실 약병을 연상케 하는 용기인데, 게다가 갈색 톤이다. 용기 선택의 기준은 아름다움과 실용성이다. 다른 하나는 인테리어 디자인이다. 이솝은 새로운 매장을 준비할 때 그 지역과 연관성 있는 디자인 요소를 활용하기 위해 노력한다. 이솝은 대중매체를 통한 광고를 하지 않는다. 대신 대중의 뇌리에 각인되도록 호소하는 방식은 직영으로 운영하는 매장을 독특한 취향과 색태로 꾸미는 것이다.

　해당 지역과 융화된 개성 있는 인테리어 디자인의 적절한 예시는 도쿄와 밀라노의 매장에서 찾을 수 있다. 도쿄 매장은, 동양에서 가장 먼저 서구화에 뛰어들었고 동양이면서도 동양을 탈피해 서구가 되고자 했던 그 처절한 일본의 심정을 무난하게 구현했다. 밀라노 매장의 내부 역시 세계 패션을 선도하는 절제된 매력과 로마제국으로부터 이어진 이탈리아의 미적 감각이 무난하게 융합되어 있다. 지역마다의 단독 매장 자체가 브랜드에 대해 눈길을 주게 하는 강력한 "비주얼 아이덴티티"인 셈이다.

이솝의 공동 창립자 수전 산토스(Suzanne Santos)는 매장을 공간의 온도, 불빛, 음악, 냄새, 촉감, 소재 같은 작지만 강력한 디테일을 설명할 수 있는 곳으로 만들고자 한다. 그녀가 창출한 인상적인 요소는 바로 개수대이다. 매장을 찾은 고객이 직접 제품을 써본 후 청결하게 이용할 수 있도록 설치한 것인데, 이제 이 개수대는 전 세계 매장에서 공통으로 만날 수 있는 브랜드의 정체성이 됐다. 심지어 이 정체성을 유지하기 위해, 매장으로 연결된 수도관이 없을 경우 아침마다 물을 길어 탱크를 채우기

aesop.com

이솝의 개수대
밀라노 매장

도 할 정도이다.

데니스 파피티스는 이솝 스타일을 이해하고 향유할 수 있는 소수의 비주류 고객에 집중한다. 그는 인구의 약 2~5%만이 이솝의 철학에 동조할 것으로 생각한다. 영혼을 잃지 않기 위해 노력하는 이솝은 시장의 취향에 맞추려는 노력 따위는 하지 않는다. 다만 자신의 진정성에 집중할 뿐이다.

이솝의 진정성은 창립 때부터 유념한 윤리적 원칙과 도덕적 책임감이며, 독특한 단독 매장은 비주얼 아이덴티티를 각인시킨다. 거기에 개수대는 차이를 만들어내는 강력한 디테일이다. 이 진정성·비주얼 아이덴티티·개수대가 이솝의 내러티브 마케팅을 이끄는 미학적 압점이다.

NFs: 품질, 차별성, 정체성, 진정성, 철학, 이야기
IPs: 실험실 약병, 개수대, 인테리어 디자인

24. 이케아 IKEA

"모두를 위한 디자인이 좋은 디자인이다."

　　임대비용이 상대적으로 덜 드는 외곽지역에 대형매장을 개설한다. 판매되는 제품은 기본적으로 배달하지 않는다. 구매한 가구는 직접 조립해야 하는 불편함이 있다. 하지만 조립설명서는 글자 없이 그림으로만 되어있어 알기 쉽다. 단순히 가구를 만들고 판매하는 회사가 아니라 "스칸디나비안 라이프 스타일"을 판다는 이케아(IKEA)의 이야기이다.

　　DIY라는 직접 조립 방식을 사람들이 수용하는 이유는 두 가지이다. 하나는 금전적인 절약이고, 다른 하나는 도전적 모험정신이 주는 재미이다. 특히 후자는 이른바 "이케아 효과"를 파생했다. 이는 구매자들이 손수 물건을 만들었기에 오히려 완제품보다 더 큰 가치를 갖는다고 생각하는 부조리(不條理)한 사고를 말한다. 이케아 가구는 조립이라는 과정을 거치면서 자신이 개입했다는 것 때문에 완성된 결과물에 애정을 갖고 비합리적으로 더 높은 가치를 얻는다. 이것은 실용적 목적과는 완전히 별개의 문제이다. 불편함이 오히려 관심을 끌게 된 까닭이다. 하지만 품질이나 디자인이 받쳐주지 않았다면 이 불편함은 그저 불편함으로 끝나 일찍이 외면됐을 것이다.

1943년 스웨덴 알름훌트(Älmhult)에서 17살의 잉바르 캄프라드 (Ingvar Kamprad: 1926~2018)가 아버지에게서 졸업선물로 사업자금을 받아 이케아를 설립하였다. 그가 자란 곳은 매우 척박한 땅이었기에, 그곳 사람들은 검소하고 혁신적이며 합리적으로 문제를 해결했다. 이러한 정신은 훗날 IKEA의 일하는 방식과 그들이 거둔 많은 성공의 밑거름이 되었다. 처음엔 통신판매를 통해 볼펜, 지갑, 액자, 시계, 나일론 스타킹 등과 같은 잡화 품목들을 주로 판매했으나, 1947년부터 가구를 판매하기 시작했으며 1951년부터는 오직 가구에만 주력하게 되었다.

플랫팩으로 포장되어 고객의 조립을 기다리는 제품들

IKEA의 첫 번째 카탈로그

이케아의 진면목은 가격을 낮추면서도 동시에 품질을 유지하는 것이다. 이를 위해 다양한 창의적 방법을 강구한다. 먼저 낮은 가격을 위해 필요한 건 효율의 극대화와 아웃소싱이다. 이케아는 원가를 낮추기 위해 아주 초기부터 해외 생산을 도입했다. 또한 설계와 생산, 포장과 물류, 그리고 조립까지의 모든 과정에서 가격 절감을 위해 필사적으로 노력한다. 지속적으로 대량 생산 시스템을 확대하고, 불필요한 부품을 줄여 누구나 쉽고 간단하게 조립할 수 있는 스마트한 제품 디자인을 연구하며, 더 효율적인 배송을 위해 제품을 분해해 납작하게 포장하는 방식인 플랫팩을 채택한 것도 모두 가격을 위한 분투이다.

"왜 아름답고 좋은 제품은 소수의 고객만을 위한 것이어야 하죠? 낮은 가격으로도 멋진 디자인과 실용성을 갖춘 제품을 충분히 판매할 수 있어야 합니다." ikea.com

ikea.com

최초의 쇼룸

발코니 쇼룸

　　이케아를 연상케 하는 특징은 카탈로그와 쇼룸이다. 이케아는 스웨덴의 작은 시골마을에서 시작되었기에 큰 도시의 많은 사람들을 가까이 하기 어려웠다. 그래서 1951년, 이케아의 첫 번째 카탈로그가 탄생되었다. 지금은 이케아 카탈로그가 1년에 2억 부 정도 발행된다고 한다. 특징적 전시방식인 쇼룸도 카탈로그와 연관이 있다. 1호 카탈로그에 적힌 가격이 너무 낮아서 사람들이 제품의 품질에 대해 회의적인 반응을 보였다고 한다. 그래서 잉바르는 엘름훌트의 오래된 작업실을 쇼룸으로 리모델링해 고객들이 주문 전 제품을 직접 보고 체험할 수 있도록 했다. 이케아 최초의 쇼룸은 이렇게 만들어졌다.

　　이케아는 스칸디나비안 라이프 스타일과 연결된 독특한 디자인 철학으로도 유명하다. 이케아의 디자인 원칙은 지속가능성 · 디자인 · 기능 · 품질 · 낮은 가격을 모두 갖춘 제품을 만들어내는 것이다. 그들은 이를 "데모크래틱 디자인"이라 부른다. 생산에 용이하면서도 좋은 재료를 쓰고, 조립하기 쉬우면서도 부피는 크지 않고, 나아가 조립방법을 어린아이도 이해할 만큼 쉽게 그림으로 표현하는 것도 모두 이 범주에 속한다. 외형상의 디자인은 미니멀리즘을 지향하며 대체로 심플하다. 이는 단순함과 견고함을 합리적인 것으로 받아들이는 스칸디나비안 디자인과 맥을 같이 한다.

이케아는 "많은 사람들을 위한 더 좋은 생활"을 만들고자 한다. 이 목표가 달성되기 위해서는 디자인만큼 안전성도 중요하다. 이케아는 좋은 생활이란 안전한 생활에서부터 시작된다고 생각하며, 디자이너·공급업체·협력사 모두가 고객에게 더 안전한 생활을 제공하기 위해 노력하는 것이 이케아의 DNA라고 말한다. 모든 제품은 매우 엄격한 실험과 검증 절차를 거치고, 판매 전부터 현지 시장에 적용되는 관련 법규 및 표준을 준수하도록 하며, 내부 요건을 추가해 현지 요건보다 엄격한 기준을 적용토록 한다. 제품 개발 과정의 핵심도 안전성이다. 원하는 만큼 안전이 확보되지 않는다면 컨셉 단계에서 프로젝트를 중단해 버린다. 이케아의 테스트랩에서는 매년 백만 건이 넘는 제품 실험을 진행할 정도이다.

이케아가 궁극적으로 지향하는 것은 "지속가능한 생활"이다. 이케아는 리테일 업계에서 목재를 가장 많이 사용하는 기업이다. 그렇기 때문에 더 현명하게 목재를 소비하고 엄격한 기준으로 목재를 공급받을 수 있는 방법을 끊임없이 연구한다. 그들이 사랑하는 목재는 내구성이 뛰어나고 재생 및 재활용이 가능한 데다 아름다운 것이다. 또 생산단계에서 불필요한 낭비를 최소화하는 방식으로 목재를 절단 및 성형함으로써 자원을 절감한다. 환경과 농가에 해로운 영향을 미치지 않는 책임감 있는 방식으로 재배된 목화만을 사용할 것을 약속한다. 또 2030년까지 재활용 또는 재생

어린이에게도 안전한 플라스틱−PLA(폴리유산) 플라스틱 제품

가능한 플라스틱으로 전면 대체하려는 계획도 제시한다. 이러한 목표들을 위해 세계의 많은 공동체에 대한 지원도 충실하게 진행한다. 이 모든 것이 환경과 고객의 믿음을 저버리지 않는 상생의 방안이 지속되기를 바라는 조치들이다.

"IKEA"의 I와 K는 창업주 잉바르 캄프라드(Ingvar Kamprad)의 이니셜에서, E는 그가 유년 시절을 보낸 농장 엘름타뤼드(Elmtaryd)의 이름에서, A는 근처 마을인 아군나뤼드(Agunnaryd)에서 따온 것이다. 이케아의 제품은 독특한 스웨덴어 이름으로도 유명한데, 창립자인 잉그바르 캄프라드가 난독증이 있었기 때문에 상품을 보다 쉽게 분류하고 인지하기 위해 제품명을 특정 장소나 사람 이름으로 지었다고 한다.

이케아는 낮은 가격·우수한 품질·실용적인 기능·아름다운 디자인·지속가능성 중 그 어느 것도 타협하지 않겠다고 말한다. 여기에 스웨덴과 북유럽의 분위기, 실용적이면서 합리적인 소비의 이미지, 세련된 쇼룸과 직각적인 조립설명서, 사회공헌의 진정성 등이 내러티브로 더해져 이케아를 세워 올렸다.

NFs: 품질, 차별성, 정체성, 진정성, 철학, 사회공헌
IPs: 쇼룸, 조립설명서, 제품명, 플랫팩, 이케아 효과, 데모크래틱 디자인, 스칸디나비안 스타일

25. 캐나다 구스 CANADA GOOSE

"이 세상의 추위로부터 인간을 해방시킨다."

canadagoose.com

　한겨울인 1월에도 꽃이 피는 홍콩이나 아펜니노(Appennini) 반도의 비교적 온난한 이태리에서도 캐나다 구스는 잘 팔린다. 지난 10여 년 간 겨울 평균기온이 영하권이 아닐 정도의 한국에서도 마찬가지다. 이 나라들에선 사실상 입을 일이 없다. 홍콩인이나 이탈리아인이나 한국인의 구입 목적은 입는 것이 아니라 사는 것이다. 캐나다 구스이기 때문이다.
　브랜드 로고에 보이는 북극지도에서 알 수 있듯이 캐나다 구스는 "극한(極寒) 생존용 겉옷(extreme weather outerwear)"이다. 게다가 기능성이라는 본래 목적에 충실하기 때문에 외형은 투박하기까지 하다. 패션디자인까지 곁들인 겨울용 아웃도어 의류가 많이 있지만, 오직 캐나다 구스 브랜드만이 극한과 하나로 엮여서 인식된다. 일 년의 반이 겨울이자 영하

30~40°C의 혹한조차 일반적인 캐나다에서 시작되었고, 북극과 남극의 극한에 맞서 성장했기 때문이다. 오직 추위로부터 인간을 자유롭게 하겠다는 목표가 있었고, 이 일념이 완벽한 방한(防寒)을 이루어 냈다. 그리하여 극한 오지에서 사투하는 탐험가들 옷 위에 선연한 "북극 프로그램(Artic Program) 패치"는 일종의 신화가 됐다. 그 장렬함이 심장을 두드리고 욕망을 자극한다. 궁극적으로 소비자가 구매하는 것은 제품의 질이나 기능이 아니라 내러티브인 것이다.

1957년 설립된 캐나다 구스는 장갑을 제외한 모든 제품이 캐나다에서 생산된다. 원료 역시 100% 캐나다산(産) 다운을 사용한다. 그들은 이를 "진정성"이라 말한다. 중국이나 베트남의 공장에서 만들면 브랜드의 영혼이 담기지 않는다고 믿는다. 제품 로고만 갈아 끼운 "찍어낸 것"과 진정성이 담긴 "만든 것"의 차이를 소중하게 생각한다. 무더운 베트남이나 중국 광동성의 작업자들이 북극을 상상이나 할 수 있겠냐는 거다.

> "전설적 작품인 '스노우 만트라(Snow Mantra)'는 북극 근무자들의 필요에 맞게 개발되었으며, 캐나다 북극경비대부터 항공사의 지상 승무원까지 가장 험난한 직업의 유니폼 역할을 해왔습니다. 영하 70°C 이상의 온도에서 시험되고 247개 이상의 조각으로 구성된 7.5파운드 무게의 '스노우 만트라'는 혹독한 기후에서 살고 일하는 사람들에게 없어서는 안 될 파카가 되었습니다. 캐나다 구스가 디자인한 모든 재킷 안에는 '스노우 만트라'의 DNA가 있습니다." canadagoose.com

Snow Mantra　　　　　　　　　　　　　　Expedition Parka

　　기능 집약체인 "스노우 만트라"를 보면 캐나다 구스의 품질에 대해 달리 더 설명할 필요가 없다. 또 하나의 시그니처 제품인 "익스페디션 파카(Expedition Parka)"는 남극의 맥머도 기지(McMurdo Station)에서 일하는 과학자들을 위해 개발된 최초의 극한 기상 파카다. 20년 이상 캐나다 구스의 상징인 이 파카는, 손을 따뜻하게 하고 많은 물건의 적재가 가능한 11개의 포켓이 있고 맥머도 기지의 기록적 최저 온도인 −49℃에도 적응할 수 있도록 설계되었다. 가히 "남극을 위해 설계되었고, 전 세계에서 입는다."고 호언할 만하다. 그들은 비타협적인 장인정신이 캐나디언 럭셔리를 정의한다고 자부한다.

최고의 단열재로 꼽히는 다운은 캐나다 구스의 핵심 기량이다. 다운의 품질은 캐나다 구스가 경쟁력을 유지할 수 있는 대표 요소다. 당연히 다운은 캐나다산(産)만 사용한다. 그중 최고급 충전재는 "후터라이트 다운(Hutterite Down)"으로 불리는, 후터파 교도의 농부들이 생산한 다운이다. 그들은 종교적 이유로 공동생활을 하며 특유의 소규모 방식으로 거위를 방목해 기르는데, 거위들이 다 자란 후에야 비로소 털을 뽑기 때문에 품질 면에서 최상급이라 한다.

특별히, 캐나다 구스에는 "구스 피플(Goose People)"이라 불리는 사람들이 있다. 충성도 높은 마니아층을 말하는 것이 아니다. 무한대에 도전하는 탐험가쯤으로 정의할 수 있는 이들의 활동무대는 브랜드의 정체성과 어울리는 극한지역이다. 이들처럼 방한이 필수적인 사람들이 직접 제품을 입고 가치를 보여주는 것이 진짜 홍보라고 여긴다. 캐나다 구스의

canadagoose.com

Ray Zahab

홍보대사인 그들은 필연적으로 셀러브러티로서의 내러티브를 더해주고 있다.

2009년 레이 자합(Ray Zahab)은 차량이나 스키 같은 장비 지원 없이 오로지 두 발로 걸어서 33일 23시간 55분 만에 남극 트레킹에 성공했다. 캐나다 구스 방한복을 입고서 말이다. 이 기록은 기네스북에 오른 가장 빠른 시간이었다. 랜스 맥키(Lance Mackey)도 캐나다 구스의 동반자이다. 그는 알래스카 설원을 횡단하는 이디타로드(Iditarod)와 유콘 퀘스트(Yukon Quest) 개썰매 경주에서 각각 4번 우승하며 기념비적인 세계 기록을 세웠다. 캐나다 구스를 입고서 말이다. 에미상을 10번이나 수상한 그렉 코스(Greg Kohs) 감독은 뛰어난 스토리텔링 실력과 스포츠에 대한 애정을 결합시켜 탐험 다큐멘터리를 만들어 내기로 유명하다. 그는 2013년 이디타로드 경주에서 펼쳐진 랜스 맥키와 경주개들의 친밀한 얘기를 다큐멘터리로 담아낸 바 있는데, 그 때 알래스카 야생에서 3개월을 보낸

canadagoose.com

Lance Mackey를 촬영하는 Greg Kohs

내내 그를 보호해 준 것 또한 캐나다 구스였다. 이 구스 피플은 은막이나 쇼비즈니스를 달구는 계층이 아니다. 그럼에도 불구하고 이 독특한 셀렙들의 열정과 자신감, 그리고 진지함은 캐나다 구스의 신화를 축적해 왔다.

기업윤리와 사회공헌 문제에도 캐나다 구스는 많이 고민한다. 캐나다 구스는 살아 있는 동물의 깃털을 뽑아 사용하지 않을 뿐 아니라 동물에 대한 그 어떠한 학대나 무시도 용납하지 않겠다고 약속한다. 북극곰 보호단체의 현장연구자들에게 파카를 무료로 제공하거나 판매 수익금 일부를 북극곰 서식지의 보존을 위해 지원하기도 한다. 제품 제작 후 남는 원단과 재료들을 가족과 지역사회의 옷을 직접 만드는 이누이트(Inuit) 사람들에게 무료로 제공해 왔는데, 2009년부터 북부 지역사회에 기증한 원단이 100만m가 넘는다고 한다.

일부러 꾸미지 않은 탄생설화와 기능성에만 집중하는 진정성은 모두 캐나다에 초점이 맞춰져 있다. 그래서 캐나다를 떠나지 않았는데, 이로써 오히려 "캐나다다움"의 상징이 되었다. 극한에 맞서는 탐험가들의 진지한 도전은 그대로 캐나다 구스의 이미지가 되었다. 이런 내러티브들이 구매의 동기를 필요에서 선망과 열망으로 바꾸게 한다.

> NFs: 품질, 차별성, 정체성, 진정성, 사회공헌, 셀럽
> IPs: 북극 프로그램 패치, 후터라이트 다운, 구스 피플

26. 트와이닝 TWININGS

"런던의 여성인권을 일깨운 최고급 차(茶)"

1640년, 포르투갈 브라간사 왕가(Casa de Bragança)의 왕인 주앙 4세(João IV)는 포르투갈 왕국의 독립을 선언했다. 당시에는 합스부르크 왕가의 스페인 왕이 포르투갈 왕국의 왕도 겸하고 있었기에 주앙 4세의 독립선언은 스페인과의 전쟁을 의미했다. 스페인과 싸움을 시작하면서 주앙 4세는 영국의 도움을 얻기 위해 자신의 둘째 딸인 캐서린 브라간사(Catherine of Braganza: 1638 ~ 1705)를 영국 왕 찰스 2세(Charles II)와 결혼시켰다. 이 역사의 틈에 홍차 이야기가 끼여 있다. 그 시대에 홍차는 매우 귀하고 비싸서 신분 높은 사람들만 향유했다. 그런데 무역이 발달한 포르투갈의 공주였기에 캐서린 브라간사는 매일 홍차를 즐겨 마셨고, 영국의 왕가로 결혼해 와서는 왕궁을 방문하는 사람들에게까지 홍차를 대접했다. 캐서린 브라간사가 결혼하여 영국에 온 1662년이 영국 차(茶)문

twinings.co.uk

캐서린 브라간사　　　토마스 트와이닝　　　리차드 트와이닝

화의 원년인 셈이다. 이로부터 홍차는 영국의 귀족사회에서 큰 인기를 끌었으며, 점차 영국에서 홍차를 즐기는 풍습이 자리 잡게 되었다.

　17세기 말, 동인도회사(東印度會社: East India Company)는 차를 포함하여 다양한 이국적인 물품들을 전 세계로부터 수입하고 있었다. 훗날 차(茶)사업의 창시자가 된 토마스 트와이닝(Thomas Twining: 1675-1741)은 아홉 살에 런던으로 이주한 후 20대의 나이에 차(茶)의 출하를 처리하는 무역에 뛰어들었다. 그리고 역사적인 1706년, 런던의 스트랜드(Strand)에 있는 한 커피하우스를 매입한 후 차(茶)사업을 시작했다. 런던에서 가장 오래된 다방이자 아마도 세계 최초로 드라이 티(dry tea)를 판 커피하우스. 이곳은 현재도 트와이닝의 플래그십 스토어이다. 여기선 그때나 지금이나 수준 높은 커피도 판매하는데, 당시 커피가 음료의 왕이었던 시절에 토마스 트와이닝은 차(茶)에 대한 지식을 바탕으로 대세를 거스르며 차(茶)사업을 추진했다. 이후 차(茶)에 집중한 끝에 트와이닝이라는 이름은 세계에서 가장 맛있는 차(茶)로 유명해졌다. 당시 커피하우스는 남성의 전유물이었기에 여성은 커피하우스에 들어갈 수 없었다. 이에 1717년 황금사자(The Golden Lyon: lyon은 lion의 옛 표현)라는 매장을 오픈하여 여성에게도 차(茶)를 팔았다. 지금도 스트랜드 216번지의 플래그십 스토어 입구 위에는 황금사자상이 앉아 있으며, 이 상점 입구는 기념물로 등재되어 있다. 트와이닝은 남녀 모두에게 찻집을 개방하여 여성들에게도 차를 팔았으니, 나름 여성인권운동의 한 몫을 우아하게 한 것이다.

1784년, 손자인 리차드 트와이닝(Richard Twining: 1749-1824)은 정계를 움직여 차세(茶稅)를 인하하게 만듦으로써 영국의 모든 사람이 차를 살 수 있게 하였다. 훨씬 이른 시기의 얘기지만 1707년 트와이닝의 고급 녹차 100g이 오늘날 시세로 환산하면 £160(약 25만원)였다 하니, 당시에 차(茶)가 얼마나 비쌌는지 알 수 있다. 그러므로 차(茶)의 세금이 줄었다는 것은 상류층이나 귀족층뿐 아니라 모든 보통 사람들이 생활의 일부로 차를 마실 수 있게 되었음을 의미한다. 사실 이는 차(茶) 혁명이었다.

캐서린 브라간사가 매일 홍차 마시는 습관을 영국에 전파한 이래 차

twinings.co.uk

스트랜드 216 플래그십 스토어 입구 상단   플래그십 스토어 내부

(茶)는 영국에서 폭발적으로 인기를 끌었다. 상류층을 흉내 내고 싶은 서민들도 신분의 상징인 차(茶)를 마시며 고급스런 기분을 느끼고자 했다. 차(茶)의 소비가 지속적으로 증가하면서 급기야 18세기 초에는 영국이 차(茶)의 최대 소비국이 되었다. 트와이닝은 차(茶)를 상류사회의 값비싼 사치품에서 서민들의 기호품으로 전환시키는 데 선구적 역할을 했다. 이후 19세기 후반, 점심과 저녁식사의 간격이 너무 길어 오후에 기운이 없었던 공작부인 안나 마리아(Anna Maria: 1788~1861)가 허기를 달래기 위해 하녀에게 차와 간식을 가져오라 하면서 "애프터눈 티(Afternoon tea)"의 관습이 만들어졌다. 홍차와 삼단 트레이, 그리고 풍부한 화제와 기품 있는 매너가 어우러진 멋진 사교의 시간. 홍차와 함께 애프터눈 티는 19세기 말에 이르러 모든 계층이 누리는 사회적 관습이 되었다.

1837년, 빅토리아 여왕은 트와이닝을 영국왕실 공식 차(茶)공급자로 지정했다. 트와이닝은 지금까지도 영국왕실에 차를 공급하는 영광을 누리고 있다. 1956년, 트와이닝은 처음으로 티백(tea bag)을 만들었다. 그리고 2007년, 트와이닝은 300주년을 맞이했다. 2016년엔 엘리자베스 2세 여왕의 90번째 생일을 맞아 왕실공급자협회의 요청으로 아주 특별한 탄생90주년 기념차(茶)를 블렌딩해 내놓았다.

트와이닝 하면 빼놓을 수 없는 차(茶)가 "잉글리시 브랙퍼스트(English Breakfast)"이다. 1933년에 처음으로 블렌딩하였다. 세계적으로 유명한 이 블렌드의 탄생은 트와이닝 역사상 획기적인 사건이다. 잉글리시 브랙퍼스트는 아삼(Assam)과 실론(Ceylon), 그리고 케냐(Kenya)의 차(茶)가 어우러져 완벽하게 조화를 이룬 것이다. 트와이닝의 마스터 블렌더

(좌) 잉글리시 브랙퍼스트
(우) 여왕 탄생 90주년 기념 티

(Master Blender)들은 여전히 최고의 블렌드를 찾기 위해 전 세계를 찾아다닌다. 잉글리시 브랙퍼스트가 아침 시간에 좋은 이유는, 뇌와 몸이 깨어날 수 있도록 도와주고 하루를 온전히 지탱시켜줄 만큼의 카페인을 강하게 함유하고 있기 때문이라 한다. 다음은 트와이닝이 홈피에 제시한, 잉글리시 브랙퍼스트를 최상으로 즐길 수 있는 팁이다.

> "갓 받은 찬물을 끓입니다. 물이 끓을 때 주전자를 잡습니다. 사람 당 하나의 티백이 담긴 찻잔에 끓는 물을 붓습니다. 3~5분 정도 우립니다. 우유를 한 움큼 붓거나, 블랙으로 두거나, 레몬 한 조각을 곁들입니다. 그리곤 마십니다, 천천히 여유 있고 우아하게."
> twinings.co.uk

영국의 차(茶)산업이 인도 등지의 식민지 산업으로부터 일정 부분 수혜를 받아 성장했던 데 대한 성찰일까? 트와이닝은 사회공헌에도 주목할 만한 기여를 하고 있다. 2004년에 트와이닝은 자선단체인 "세이브더칠드

twinings.co.uk

"Sourced with Care" 프로그램과 함께하는 지역사회

런(Save the Children)"과 함께 사업을 시작했고, 그 후 10년 간 차(茶)재배 커뮤니티에서 50만 명이 넘는 아이들을 도왔다. 또한 트와이닝은 윤리적 조달과 공정 거래를 표방한 회사 정책으로도 널리 알려져 있다. 트와이닝은 모든 사람들이 좋은 삶의 질을 가질 권리가 있고 자신과 가족을 부양할 권리가 있다고 믿는다. 트와이닝은 품질과 사회적 기준의 측면에서 모두 최고의 산지로부터 찻잎을 구매하는 것을 목표로 한다. 트와이닝이 고안한 "돌봄과 함께하는 조달(Sourced with Care)" 프로그램은 원료를 공급하는 전 세계의 장소에서 이 목표를 현실화하는 데 필요한 변화를 지원한다. 그 변화는 지역사회의 생계·삶의 기회·생활수준의 향상이다. "Sourced with Care" 프로그램은 2020년까지 재료를 공급받는 커뮤니티에서 50만 명의 삶을 개선하겠다는 야심찬 목표를 세운 바 있다.

차(茶)는 사실 삶의 영역 안에서 필수적이지도 본질적이지도 않은 부수적인 기호품에 불과하다. 트와이닝은 이 차(茶)를 세계적이자 일상적인 명품의 반열에 올려놓았다. 트와이닝은 영국에서 최초라는 전통, 최고가 되기 위한 집중과 노력, 함께 나아가고자 하는 관심과 협력 등의 내러티브들에 의해 "트와이닝 차(茶)"가 되었다.

NFs: 품질, 차별성, 품격, 철학, 사회공헌, 이야기, 셀럽
IPs: 캐서린 브라간사, 황금사자, 애프터눈 티, 잉글리시 브랙퍼스트, 티백

27. 티파니 TIFFANY & CO.

"전 세계 0.02% 이내의 최상급 다이아몬드만을 사용한다."

tiffany.com

한 연구에 의하면 "티파니 블루 박스"를 보는 것만으로도 여성의 심장박동수가 22% 증가한다고 한다. 그런데 오드리 헵번(Audrey Hepburn)은 티파니 매장에 진열된 다이아몬드의 찬란함을 보면 오히려 고요함과 숭고함을 느껴 마음이 진정된다고 했다. 1961년 "티파니에서 아침을(Breakfast at Tiffany's)"이란 영화의 오프닝 장면에서 세기의 여배우는 쇼윈도우 너머로 티파니의 보석을 보며 현실의 불안으로부터 위안을 얻는다. 이 엄청난 PPL로 티파니는 여성들이 동경하는 세계이자 이루고 싶은 꿈이 되었다. 봉건국가도 없어졌고 더는 귀족사회도 아니지만, 뉴욕에서의 주얼리가 상류사회의 부와 행복에 대한 상징으로 재탄생한 것이다. 티파니는 뉴욕을 상징하는 브랜드가 되었다. 세계 5대 보석 브랜드 가운데 티파니 외엔 모두 프랑스 브랜드다.

티파니의 역사는 1837년에 시작되었다. 그 해 찰스 루이스 티파니

"티파니에서 아침을", 오드리 헵번

(Charles Lewis Tiffany: 1812~1902)가 뉴욕에 첫 티파니 매장을 열었다. 하지만 당시 티파니는 소품을 파는 잡화상에 불과했으며, 첫날 매출액은 4.98달러였다. 1848년, 프랑스 2월 혁명을 겪은 파리 상류층이 다량의 보석을 처분하였는데 찰스 티파니가 그것들을 매입하여 미국으로 가져왔다. 티파니는 이 보석들을 다시 디자인해 판매함으로써 본격적으로 다이아몬드 명가라는 명성을 얻게 되었다. 미국의 부유층은 이제 귀한 주얼리를 본국에서도 구매할 수 있게 되었다. 1851년, 티파니는 미국 최초로 0.925 스털링 실버(Sterling silver: 은 92.5%와 구리 등 다른 금속으로 7.5%가 채워진 은 합금) 표준을 수립했다.

1878년, 티파니의 다이아몬드가 세계적으로 주목받게 된다. 찰스 티파니는 세계에서 가장 크고 세련된 보석 중 하나로 알려진 287.42캐럿의

팬시 옐로우 다이아몬드를 $18,000에 구입했다. 이 옐로우 다이아몬드는 티파니의 수석 보석학자인 조지 프레드릭 쿤츠(George Frederick Kunz: 1856~1932) 박사에게 전해졌다. 그는 1년간의 연구 끝에 원석의 아름다움을 최대한 살리기 위해 절반 이상의 손실을 감수한 채 128.54캐럿으로 커팅 하였고, "티파니 다이아몬드(The Tiffany Diamond)"라는 이름이 붙여졌다. 크기는 가로 1인치에 세로 7/8인치로, 크기보다는 눈부신 빛을 극대화하도록 커팅 되었기에 마치 불꽃이 타오르는 듯한 광채를 뿜어낸다. 티파니 다이아몬드는 크기보다 광채를 중요시하는 티파니 기준의 계기가 되었다. 티파니의 상징으로서 세계적으로 유명한 이 다이아몬드는 현재 뉴욕 5번가 플래그십 매장에 영구적으로 전시되어 있다.

보석에 대한 찰스 티파니의 열정은 그가 1887년 파리 루브르 박물관에서 진행된 왕실 보석 경매에서 30%에 달하는 프랑스 왕관 보석을 구매했을 때 절정에 달했다. 이때부터 찰스 티파니는 "다이아몬드의 왕"이라 불렸다. 티파니는 사들인 보석에 티파니 로고를 새겨 재판매했는데, 이로부터 당시 티파니 주얼리를 소유하는 것은 곧 상류층의 증명처럼 인식되었다.

티파니의 원석 가공 기술과 디자인은 독보적이다. 쿤츠 박사는 티파니를 위해 아름다운 원석을 찾아 전 세계를 탐험했다. 1903년, 캘리포니아 팔라 근처의 화이트 퀸 광산에서 나온 젬스톤에는 그의 업적을 기리기 위해 쿤자이트(Kunzite)라는 이름이 붙여졌다. 1910년엔 티파니의 열성 고객이자 열렬한 컬러 젬스톤 수집가인 은행가 J. P. 모건의 공로와 지지를 기리고자 마다가스카르에서 발견된 젬스톤에 모거나이트(Morganite)

tiffany.com

(위) 좌로부터 쿤자이트, 모거나이트, 탄자나이트, 차보라이트
(아래) 쟌 슐럼버제가 디자인한 작품들

라는 이름을 붙였다. 1960년대 탄자니아의 킬리만자로 산기슭에서 발견된 블루 스톤에는 나라 이름을 따 탄자나이트(Tanzanite)라 명명했다. 1974년에도 아프리카의 차보 국립공원에서 발견된 그린 젬스톤이 차보라이트(Tsavorite)란 이름을 달고 세계 보석 시장에 선보였다. 희귀하면서도 눈부실 정도로 선명한 컬러 젬스톤은 티파니 장인들의 탁월한 세공을 거쳐 영원한 주얼리로 남겨졌다.

    영원한 주얼리는 세공에 앞서 디자인으로 결정된다. 1956년에 식물과 바다 생물을 보석 디자인에 적용하여 우주의 불규칙성을 담아내고자 한 전설적인 디자이너 쟌 슐럼버제(Jean Schlumberger)가 티파니에 합류

왼쪽부터
티파니 다이아몬드, 티파니 세팅, 티파니 블루 박스

했고, 1974년엔 스타일은 심플해야 한다던 엘사 퍼레티(Elsa Peretti)가 합류하여 티파니의 디자인에 모던한 감각을 입혔다.

    찰스 티파니는 다이아몬드 링을 사랑의 상징으로 탄생시킨 최초의 보석상이기도 하다. 1886년, 티파니는 다이아몬드를 6개의 프롱(prong: 갈래)으로 받치는 구조의 반지를 발표했다. "티파니 세팅(Tiffany Setting)"이라고 명명된 이 반지의 디자인은, 주변부의 장식을 생략한 채 중심이 되는 다이아몬드를 부각하는 솔리테어(solitaire) 양식으로써 세계 최초로 밴드와 다이아몬드를 분리시킨 시도의 결과물이었다.

    고품질의 원석과 세련된 디자인 외에 티파니의 성공을 결정지은 또 하나의 요인은 색깔이다. 티파니 고유의 색인 "티파니 블루"는 맑은 푸른색에 약간의 녹색 기운이 느껴지는 색이다. 티파니는 1998년에 해당 색상을 상표로 등록했고, 미국 색채 연구소인 팬톤에 창업 연도를 딴 "1837 블루"라는 이름으로 색상을 등록했다. 한편 티파니가 1886년에 티파니 세팅을 선보인 후 제품을 담은 "티파니 블루 박스"는 웨딩링만큼이나 유명해졌다. 사람들은 티파니 매장으로 찾아와 따로 블루 박스를 구매하겠다고 했지만, 찰스 티파니는 따로 판매하는 것을 거부했다.

> "아무리 많은 돈을 주어도 블루 박스를 살 수 없지만, 박스에 담을 주얼리를 구매한다면 박스를 기꺼이 무료로 제공하겠습니다."
> tiffany.com

티파니는 또한 미국의 많은 셀럽과 인연이 있다. 1862년, 아브라함 링컨 대통령이 부인을 위해 티파니의 진주 목걸이를 구입했으며 영부인은 대통령 취임 축하 무도회에서 이를 착용했다. 케네디 대통령 부부는 서로의 선물을 티파니에서 종종 구입했으며, 재클린 케네디는 쟌 슐럼버제가 디자인한 뱅글(bangle)을 특히 애용하여 "재키 팔찌"로 불리기도 했

tiffany.com

(좌) 링컨이 선물한 진주목걸이
(우) 재클린이 애용한 뱅글

다. 2013년엔 영화 "위대한 개츠비(The Great Gatsby)"에 주인공들의 장신구 뿐 아니라 티파니의 도자기와 스털링 실버 식기 등의 홈컬렉션이 개츠비의 집 내부 인테리어 장식에 사용되기도 했다.

티파니는 사회적 가치와 임무도 소중하게 생각한다. 출처가 분명하지 않은 원석 및 귀금속은 사용하지 않으며, 다이아몬드에 대해 품질과 사회적 및 환경적 측면에서 높은 기준을 고수한다. 그들의 윤리적인 소싱 관행이 인권과 환경 보호를 장려하고 다이아몬드 공급망과 더불어 지역사회에도 경제적인 기회를 창출하고 있다고 자부한다. 또 에너지 사용과 탄소 방출을 감소시키려 노력할 뿐 아니라 티파니 재단을 통해 자연 경관과 해양 경관 및 중요 생물종의 보호를 위한 환경 자선사업에도 충실하다.

보석에 얽힌 드라마틱한 이야기, 장엄한 다이아몬드, 아름답고 훌륭하게 다듬어진 디자인, 위대한 장인정신, 마법의 색, 셀럽들의 선택, 그리고 누군가에게 선물하고 싶은 티파니 드림. "티파니 앤 코"를 수립한 내러티브들이다.

> NFs: 품질, 차별성, 정체성, 진정성, 품격, 사회공헌, 이야기, 셀럽
> IPs: 오드리 헵번, 티파니 다이아몬드, 티파니 세팅, 티파니 블루, 티파니 블루 박스

28. 파타고니아 patagonia

"우리는 지구를 되살리기 위해 사업을 한다."

patagonia®
patagonia.com

파타고니아는 남아메리카 최남단에 위치한 지역으로, 광활하고 장엄한 자연풍경으로 유명하다. 1973년 미국 서부의 조용한 도시 벤투라에서 이 파타고니아라는 지명을 딴 회사가 설립됐다. 당시 사람들이 샹그릴라 같이 전설 속 멀고 아름다운 곳이라고 생각한 파타고니아. 이를 자신들에게 어울린다고 여긴데다 전 세계 언어로 모두 발음할 수 있다는 점 때문에 회사 이름으로 선택하였다.

아웃도어 의류 관련 제품을 생산하는 파타고니아는 사실 제품 자체에 대해서는 그리 할 말이 없다. 플래그십이나 시그니처 혹은 아이콘이라 부를 제품도 딱히 없다. 어마어마한 유래가 있거나 유서 깊은 정통성이 내재된 역사도 없다. 물론 비즈니스이기에 이윤도 창출해야겠지만, 이 회사의 주목적은 지구의 환경을 보호하고 복구하는 것이다. 스스로를 급진적 행동주의자로 자처하며, 후원이나 보호의 차원을 넘어 변혁을 선동하고 실천한다. 돈을 버는 것 자체가 운동을 하기 위해서라고 말한다. 본말이 전도된 것 아니냐 혹은 샛길로 나간 것 아니냐고 할 수도 있지만, 그래도 아웃도어 브랜드 중에서 노스페이스 다음으로 탄탄한 위세를 누리는 멀쩡한 기업이다.

회사가 이런 지경에 이른 것은 창업자인 이본 쉬나드(Yvon Chouinard: 1938~) 덕분이다. 그는 어렸을 때부터 서핑이나 암벽등반 같은 아웃도어 스포츠를 사랑했다. 1957년에 그는 자신이 원하는 품질의 피톤(piton: 암벽등반에서 바위의 틈에 박아 넣어 중간 확보물로 사용하는 금속 못)을 구할 수 없자, 직접 만들었다. 그가 만든 제대로 된 피톤은 사람들로부터 큰 호응을 얻었고, 1970년에는 미국에서 가장 큰 등반장비 회사가 되었다. 하지만 등반을 하는 사람들이 늘어나면서 같은 바위에 피톤을 박고 빼는 일이 되풀이 되자 바위들이 흉하게 망가지게 되었다. 의도

patagonia.com

창업자 이본 쉬나드

치 않게 자신들이 자연을 파괴하는 악당이 되고 만 것이다. 환멸감으로 자책하던 쉬나드는 당장의 매출이나 이윤보다는 자연에 대해 책임감을 가져야 한다는 것을 크게 깨달았다. 그리고 이후 그의 사업은 아웃도어 의류까지 확장하게 된다. 이러한 연고 때문에 파타고니아 앞에는 "친환경"이란 수식어가 굳게 박혀있다.

파타고니아의 목표는 세 가지이다. 첫째, 최고의 아웃도어 제품을 만든다. 둘째, 그로 인해 환경 피해를 유발시키지 않는다. 셋째, 환경 위기에 대한 해결 방안을 수립하고 피해와 훼손의 복구를 실행하기 위해 비즈니스를 활용한다. 품질에 대한 열망은 모든 브랜드의 기본이자 출발이기에 새삼스러울 것은 없다. 파타고니아의 특이함은 바로 그 다음 단계로서의 환경 집중이다.

파타고니아는 등반장비를 만들던 작은 회사에서 출발해, 클라이밍·서핑·트레일러닝·산악자전거·스키-스노보드·플라이낚시 관련 제품을 생산, 판매한다. 그런데 이들 스포츠는 모두 엔진에 의존하지 않는 인간 스스로의 스포츠이다. 더구나 자아표현이 목적인 스포츠맨십답게 메달이나 순위 내지 관중의 환호 등 보상을 추구하지도 않는다. 이 분야의 스포츠는 목표와 도전을 위해 흘린 땀과 자연과의 교감을 위한 것이다. 파타고니아는 이것을 자신들이 추구하는 "알피니즘(Alpinism)"이라 부른다. 그런데 인간의 욕망에 의해 기후변화가 심각해지면서 이 알피니즘이 위기에 처했음을 목격하고, 파타고니아는 항전에 나서게 된다. 그들이 시간과 노력, 그리고 이익의 일부를 환경보호 투쟁에 내놓는 이유이다. 뿐만 아니라 원단과 기술 면에서도 자원을 조금이라도 덜 사용하기 위해 가능한 모든 방법과 경로를 동원하여 친환경적으로 제품을 생산한다. 알피니즘은 결국 환경주의이자 미니멀리즘이다.

　파타고니아의 기업 성격을 극명하게 알려주는 두 가지 예가 있다. 하나는 2011년 11월 25일(금) 블랙 프라이데이에 뉴욕타임스에 게재된 파타고니아 광고이다. 내용은, 파타고니아에서 가장 많이 팔리는 R2 자켓을 올려놓고 이 옷을 사지 말라고 권고하는 것이다. 그 이유를 다음과 같이 설명한다. R2 자켓 하나를 만들 때 물 135리터가 쓰이는데 이 양은 45명의 사람들에게 매일 필요한 물의 양과 맞먹고, 재활용 폴리에스터가 60% 들어있는 원단에서 시작해 완제품이 되어 창고에 보관될 때까지 이산화

블랙 프라이데이에 뉴욕타임스에 게재된 파타고니아 광고

탄소 9kg이 배출되는데 이 양은 자켓 무게의 24배에 이를 뿐 아니라 자켓을 만들어서 창고에 이를 때까지 자켓 무게의 2~3배에 이르는 쓰레기가 나온다는 것이다. R2 자켓은 박음질이 철저하고 꼼꼼하게 이루어져서 매우 튼튼하기 때문에 새 제품을 자주 살 필요가 없으니 필요하지 않은 물건은 구입하지 말라고 한다. 사기 전에 이 옷이 나에게 꼭 필요한지 여러 번 생각하라고 다시 한 번 강조한다. 이 광고는 소비자들이 되도록 파타고니아 제품을 적게 쓰도록 유도하는 캠페인이다. 왜 사지 말라는 건가? 많이 팔리면 그만큼 옷을 더 만들게 되고, 그러면 그만큼 환경을 파괴하게 되기 때문이다. 사실 기업이 할 소리는 아니다. 하지만 더 가관인 것은, 이 광고가 역설적 마케팅의 얄팍한 술수가 아니라 진심이라는 점이다.

또 하나의 예에서 이 진정성을 확인할 수 있다. 이번엔 이왕 샀다면 닳아 없어질 때까지 수선해서 입자는 것이다. 2013년부터 시작된 "WORN WEAR(낡아빠진 옷)" 프로젝트는 간단하다. 쉽게 자주 사기보

제품 수선을 위한 원웨어 트럭 투어

다는 한 번 산 옷을 수선하고 재활용해서 오래오래 입자는 운동이다. 무료로 평생 수선을 보장한다. 왜인가? 옷의 수명이 9개월만 연장되더라도 생산 공정에서 발생하는 탄소와 물, 기타 산업 폐기물이 최대 30% 감소되는 것과 같은 효과가 있기 때문이다. 어쨌든 이 또한 기업이 할 일은 아니다. "낡은 것이 새로운 것보다 낫다."라는 구호 아래 파타고니아는 제품과 함께 실과 바늘이 들어 있는 반짇고리를 제공하며, 매 해 40,000벌 이상의 옷을 수선해준다.

> "망가진 옷을 고쳐 입는 것은 자연을 지키기 위한 급진적인 생각이자 행동입니다. 하지만 변화는 바늘과 실로 만들 수 있습니다."
> patagonia.com

    이 연장선상에서 파타고니아는 당연히 사회공헌에 몰입한다. 먼저 제품생산에서 가장 중요하게 여기는 것이 환경 보호이다. 전 세계 독성 농약의 25%가 목화 재배에 쓰인다는 이유로 모든 면제품에 100% 유기농 목화를 사용하고, 헴프와 같은 환경에 이로운 원단을 계속 찾는다. 외적으로도 노동자들에게 최저 임금을 보장하고, 공정무역 인증 공장에서 봉제하며, 출처를 추적할 수 있는 100% 트레이서블 다운을 사용한다. 또 파타고니아는 매출의 1%를 환경보호단체에 기부한다. 그들은 이를 "지구에 내는 세금"이라 말한다. 2016년 블랙 프라이데이 때는 매출의 100%를 환경단체에 기부하기도 했다. 게다가 파타고니아는 적극적인 사회변혁방안도 제시한다. 예컨대, 환경을 위해 투표하자고 외친다. 자기도 책임을 지는 사업을 할 테니 자연을 지키는 일을 함께 할 리더를 제대로 선택하자

행동하는 회사
파타고니아

는 것이다.

　이본 쉬나드는 인생이 낚시와 닮았다고 말한다. 잘할수록 단순하게 즐긴다는 것이다. 사실 삶이든 장사든 단순하다. 정직하게 외길을 가면 잘하는 것이다. 파타고니아는 그저 지구의 환경을 되살리겠다는 단순한 목표를 세웠고 그것 하나만 잘하려고 노력한다. 잘해낼수록 더욱 단순하게 외길을 갈 것이다. 이 진지한 진정성과 일관된 신념이 파타고니아를 일개 의류 브랜드 이상으로 세워 올린 내러티브이다.

> NFs: 품질, 차별성, 정체성, 진정성, 철학, 사회공헌, 이야기
> IPs: 알피니즘(Alpinism), 원 웨어(WORN WEAR)

29 프라이탁 FREITAG

"단지 독특할 뿐만 아니라 독특하게 아름답다."

freitag.ch

단순하고 강력하면서도 추한 가방이 있다. 폐품이 상품으로 바뀐 가방이다. 원재료는 중고 트럭의 폐방수천, 버려진 자전거의 타이어 튜브, 그리고 폐차의 안전벨트이다. 폐품이 고기능의 독특한 가방으로 바뀌는 마법은 다섯 단계의 고도로 복잡한 과정을 거쳐 일어난다.

1단계는 방수포를 구할 만한 트럭을 찾아내는 것이다. 5년 정도 쓰면 방수포는 버려진다. 트럭 사냥꾼(truck spotter)이라 불리는 다섯 명의 요원들은 매년 약 6,700대의 트럭에서 약 800톤의 낡아빠진 방수포를 찾아 본사가 있는 뇌드(Noerd)로 가져와야 한다. 2단계는 방수포 절단. 가방이 필요로 하지 않는 부분을 제거하고 표준화된 7,8피트의 조각으로 자른 다음 세탁부로 보낸다. 3단계는 세척이다. 분명히, 가방은 깨끗해야 한다. 기밀이 요구되는 특수 방수포 세척제를 써서 매일 3963갤런의 "빗물"을 이용하여 씻는 과정을 거치면, "낡음"이 "고색창연함"으로 "오래됨"이 "빈티지"로 바뀐다. 말리고 나면 색깔별로 방수포를 묶어서 가방 디자이너에게 보낸다. 4단계는 가방을 디자인하는 것이다. 디자이너들은 가장 아름답고 정교한 디자인으로 방수포를 조각한 다음, 여러 조각들을 잘 어울리도록 패션화한다. 마지막 5단계는 완성. 가죽보다 두꺼운 방수포를 조심스럽게 꿰매는 방법에 능통한 경험 많은 파트너들이 봉제한다. 그렇게 완성해낸 결과물이 "프라이탁(FREITAG)" 가방이다.

프라이탁 가방에는 몇 가지 포인트가 있다. 우선 주재료인 방수천이 실제로 5년 정도 사용된 재활용품이란 사실이다. 따라서 상태나 색깔이 일률적이지 않고 제멋대로다. 이 점은 거꾸로 유일성과 희소성을 말할 수 있게 한다. 게다가 그 "중고(used)"에 트럭이 거쳐 간 역사를 얹는다. 그래서 각기 가방의 더러움과 흠집은 불량이 아니라 개성 있는 사연이 된다. 모든 가방에 각자 고유한 이야기가 있게 된 것이다. 이 이야기는 냄새 고

freitag.ch

프라이탁 가방의 라인업

약하고 추한 가방을 큰 돈 내고 사는데 가장 합리적인 근거로 기능한다. 어떤 브랜드는 일부러 헐게 만든 가짜 빈티지 스니커즈를 제작하기도 하는데, 프라이탁은 본질(originality) 자체가 진짜 빈티지이다. 트럭 방수포의 색채 특성 때문에 아직까지도 분홍색이나 검정색을 구하기 어렵지만, 일부러 만들어내지 않는다. 이 정직한 신념은 오직 스위스 공장에서 수작업만 원칙으로 삼는 데서도 드러난다. 수작업 때문에 제품 수가 많지 않고 제작 단가도 비교적 높을 수밖에 없지만, 진정성을 포기하지 않는다. 이 진정성은 일관성을 낳는다. 철저하게 재활용품만 사용하고, 전 세계의 모든 매장에서 똑 같은 진열 방식을 고수한다.

스위스 내 26개의 프라이탁 스토어뿐만 아니라 전 세계 300개 이상의 매장에서 판매되고, 프라이탁 온라인스토어에는 4,000개가 넘는 독특한 제품들이 제시되어 있다. 프라이탁의 오늘을 이룩한 이는, 마흔이 넘은

freitag.ch

프라이탁 형제

지금까지 자동차 면허증 없이 자전거를 애용하고 있는 마르쿠스 & 다니엘 프라이탁(Markus and Daniel Freitag) 형제이다. 일 년 중 삼분의 일이 비가 오는 고장에서 자전거만 타고 다니면 항상 가방이 젖기 마련이다. 가방이 젖지 않기를 바란 마르쿠스의 눈에 어느 날 아파트 부엌 창가에서 고속도로를 달리는 트럭들을 바라보며 무언가를 생각했다. 바로 인근 공장으로 뛰쳐나갔다. 트럭 덮개로 사용하다 버려진 방수천, 폐차에서 나온 안전벨트 등을 가져와서 씻고 박음질해가며 가방을 만들었다. 그렇게 탄생한 첫 작품이 프라이탁의 가장 유명한 시리즈이자 최초 모델인 "메신저 백"이다.

프라이탁의 정체성은 재활용(recycling)을 넘어선 재탄생(upcycling)이다. 업사이클링이란 개념은 중고품이나 폐품이 더 높은 가치의 제품으로 다시 태어나는 것을 의미한다. 따라서 프라이탁의 가방은 태생 자체가 친환경이다.

freitag.ch

1993년 메신저 백의 프로토타입

첫 메신저 백, "F13 TOP CAT"

"1978년, 아버지는 우리에게 퇴비 더미가 어떻게 작동하는지, 그리고 순환이란 관점에서 생각하고 행동하는 것이 얼마나 즐거운지를 보여주었습니다. 이 때문에 쓰레기로부터 새롭고 유용한 것이 만들어질 수 있다는 생각을 갖게 되었습니다." *freitag.ch*

마르쿠스는 이른 나이부터 순환과 환경에 대해 깊이 생각하고 있었다. 그래서 프라이탁은 좋은 것이 되돌아오도록 순환을 생각하고 실행한다. 그들이 생각하는 순환은 에너지와 원료를 끊임없이 재사용하는 무한 반복적인 순환을 의미한다. 공장에서는 전체 에너지의 50%가 재활용 열을 이용하고, 방수천 세척에 사용되는 물은 옥상에 받아둔 빗물을 사용한다.

그들이 생각하는 환경은 이 뿐이 아니다. 2014년부터 시작한 의류제품의 섬유는 100% 자연 분해되는 재질이다. 그래서 의류제품과 행복한 시간을 보낸 후 작별할 때는 쓰레기통에 버리지 말고 퇴비 더미 위에 버리라고 한다. 옷 한 조각이 새롭게 비옥한 토양이 되는 순환 모델은 건전한 비즈니스가 무엇인지 보여준다. 그들은 이를 프라이탁의 철학이라 말한다.

제품의 원료는 과거로부터 찾지만 프라이탁은 또한 더 나은 미래를 위해 늘 새로운 시도를 한다. 2002년부터 온라인을 통해 실시한 "F-컷" 섹션은 자신이 원하는 면을 직접 선택하고 재단할 수 있다는 프로모션이다. 자신의 취향대로 천의 재질과 무늬를 선택해 자신만의 고유한 가방을 만들 수 있다는 데에 프라이탁 마니아들은 환호작약한다. 최근 시행되는 또 하나의 프로모션은 "S.W.A.P."이라는 프로그램이다. S.W.A.P.(Shopping Without Any Payment)은 "give and take" 혹은 무료 쇼핑을 의미한다. 미리 자신이 가지고 있는 제품을 등록한 다음 데이팅 앱인 틴더(Tinder) 스타일로 가방을 교환하는 방식이다. 언뜻 보면 가방 재구매를 미리 제한하는 것이라 볼 수도 있지만, 이는 프라이탁 자체를 플랫폼으로 만들려는 브랜드 확장 시도이다. 프라이탁의 마니아들은 제품 구매를 구입이 아니라 수집 혹은 심할 경우 입양으로 여기는 듯하다. 가방은 실용적인 기물인데, 그들은 도구의 개념이 아니라 사랑의 느낌으로 프라이탁을 대한다.

freitag.ch

취리히의 플래그십 스토어
컨테이너박스를 재활용해 지었다.

이제 프라이탁은 하나의 장르가 되었다. 이 때문에 재미난 일화도 생겨난다. 1997년 스위스 최대 슈퍼마켓 체인인 미그로스(Migros)는 프라이탁과 유사한 가방을 10분의 1 정도 가격으로 판매했다. 중국에서 만들었기에 가능한 가격이었다. 독일어로 금요일이란 뜻의 프라이탁을 겨냥해 제품명도 목요일인 "도나스탁(Donnerstag)"으로 했다. 이에 프라이탁은 미그로스의 종이 백과 똑 같은 외양의 상품을 내놓았다. 프라이탁의 체급으로 보면 단순한 해프닝으로 끝날 싸움은 애초 아니었다. 조롱당한 미그로스는 반성했고, 역 모방한 제품 "마이애미 바이스(FREITAG MIAMI VICE)"는 프라이탁의 베스트셀러 중 하나가 되었다. 긍정적 확장도 있다. 독일의 "치르켈 트라이닝(Zirkel Training)"은 체조 매트 등 운동기구에서 나온 부산물로 여성 의류와 핸드백 등을 만들고, 핀란드의 "글로베 호프(Globe Hope)"는 보트의 돛이나 수술복, 군복으로 옷과 가방을 만든다. 또 네덜란드의 가구회사 "피트 하인 이크(Piet Hein Eek)"는 더 이상 항해할 수 없는 선박에서 뜯어낸 목재를 가공해 찬장이나 의자, 식탁과 같은 생활 가구를 만들어 낸다. 이 폐선박 가구는 "스크랩우드(scrapwood: 재활용 나무)"라는 새로운 업사이클의 모델을 구축하였다. 이러한 업사이클링 사례들은 모방이나 표절이라 할 수 없다. 프라이탁의 정신을 발전적으로 계승한 것이기에, 순환과 환경을 키워드로 하는 건전한 비즈니스의 확장인 것이다.

발견은 다르게 보는 것이다. 폐품과 쓰레기를 다른 시각으로 받아들이는 것은 그저 위대한 역량이라 아니할 수 없다. 그런데 그 위대함은 세계와 자연환경에 대한 진지한 성찰과 이해로부터 쌓아올려진 것이다. 아래 열거된 내러티브들의 중요한 가치는 궁극적으로 인간의 힘이 만든 것이며, 결국 그 힘이 프라이탁을 건설해 내었다.

NFs: 품질, 차별성, 정체성, 진정성, 철학, 사회공헌, 팬덤
IPs: 트럭 방수포, 트럭 사냥꾼, 냄새, F-컷, S.W.A.P

30. 할리데이비슨 HARLEY-DAVIDSON

"여행의 즐거움은 목적지 도착에 있는 것이 아니라 여행 그 자체에 있다."

harley_davidson.com

묵직한 중후함 · 달리는 말발굽 소리 · 은빛 메탈 · 마초적 야성 · 클럽 · 비싼 가격 · 독특한 유니폼과 소품. 오토바이 "할리데이비슨" 하면 떠오르는 키워드들이다.

1903년 미국 밀워키(Milwaukee)에서 윌리엄 실베스터 할리(William Sylvester Harley: 1880~1943)와 아서 데이비슨(Arthur Davidson)이 공동 창업한 할리데이비슨은 두 사람이 각각의 이름을 따서 명명한 것이다.

1906년 할리와 데이비슨이 현재 할리데이비슨의 본사가 있는 위치에 세운 최초의 주노 애버뉴 공장(Juneau Avenue Factory)은 40피트×60피트(12m×18m)짜리 조그만 단층 목조건물이었다. 여기서 그 해에 약 50대

harley-davidson.com

(좌) 주노 애버뉴 공장
(우) 1924년의 특허 문서

의 오토바이를 생산했고, 1909년에는 1,000대 이상의 오토바이를 생산하였으며, 1920년엔 27,000대의 오토바이를 제조했다. 이후로도 지속적으로 확장하여 국제적인 규모의 사업이 되었다. 1973년까지 오토바이 생산을 한 이 공장은 오늘날에도 할리데이비슨의 자랑스러운 고향이다. 일찍이 국가 역사 명소로 등록까지 되었다.

할리데이비슨은 100년이 넘게 시간이 흘렀음에도 여전히 같은 엔진 형식을 탑재하고, 철판과 파이프를 수작업으로 다스려 용접하는 식의 작업을 통해 오토바이를 제작한다. 미끈하고 날렵하게 빠진 최신형 모터사이클과는 전혀 다른 클래식함으로 전 세계의 마니아층을 두텁게 쌓아간다.

할리데이비슨의 오토바이는 대체로 무겁고 굼뜨고 느리다. 전통에 집착하느라 너무 고집부리는 것 아니냐는 비판도 없진 않다. 하지만 이는 따질 것이 못 된다. 할리데이비슨은 애초부터 여유롭게 주행하는 것을 목표로 하기 때문이다. 따라서 다른 바이크와 속도로 경쟁하는 것은 의미가 없다. 얼마나 빨리 가느냐가 아니고 가는 동안의 재미 그 자체를 느끼고 즐기는 것이 목적이다. 이 여유와 편안함은 할리데이비슨만의 독특한 문화를 만든다. 이런 연유로 카우보이와 함께 가장 대표적인 미국식 상남자의 상징으로써 지금껏 기능하고 있다.

그래서 할리데이비슨은 성능보다는 존엄과 세련의 이미지를 오토바이에 내재하기 위해 노력해왔다. 예컨대, 혼다를 위시한 일본 바이크가 저렴한 가격과 효율적인 성능으로 미국 시장에 진입했을 때 할리데이비슨은 오감을 터치하는 대응으로 나선 것이 그렇다. 특유의 "할리 사운드"가 바로 그것이다. 일본의 오토바이들은 소리를 줄이려는 개선에 집착한 반면, 할리데이비슨은 오히려 소리를 상징으로 특화했다. 할리데이비슨은 45도로 벌어진 V-트윈 엔진이 유명한데, 구동 시 엔진의 구조적 특성 때문에 할리데이비슨만의 독특한 엔진 소리가 난다. 달리는 말발굽 내지는 북을 두드릴 때 나는 "두구둥 두둥둥" 하는 인상적인 소리이다. 언제 어디서 들어도 할리데이비슨의 바이크임을 알 수 있는 신호다. 이 배기음을 누가 소음이라 하겠는가.

백년이 넘도록 이어가고 있는 고전적인 설계로 인해 할리데이비슨 오토바이의 구조는 지극히 단순하다. 이 때문에 할리데이비슨만의 독특한 커스텀(custom: 개조 혹은 주문제작)문화가 정착됐다. 비교적 간단한 작업만으로도 커스텀이 가능하기 때문에 라이더의 개성에 따라 자신만의 분신을 꾸미는 것이 하나의 문화적 코드가 된 것이다. 할리데이비슨 및 기타 회사들의 부품을 모두 합치면 무려 3만 가지 이상의 커스텀 옵션이 가능하다고 한다. 1999년부터 할리데이비슨 내에서도 CVO(Custom

harley-davidson.com

2020 Harley-Davidson CVO Limited

Vehicle Operation)라는 팀은 한정판 맞춤 오토바이를 생산한다. 엔진 출력·성능·부품·도장 작업·오디오 시스템 등을 업그레이드한 프리미엄급 맞춤제작 명품을 소량 한정판으로 출시하고 있는데, 이 또한 할리데이비슨의 특별함을 한층 더 올리는 것이다.

다른 업체에는 없는 또 하나의 특별함은 "할리데이비슨의 정신"이다. 이는 공동체의 라이프 스타일, 즉 할리데이비슨의 라이더들만이 함께 어울리는 경험이다. 할리데이비슨은 1983년에 고객 동호회 모임을 설립하고 공식 후원해오고 있다. 일명 호그(H.O.G.; Harley Owners Group)이다. 이들은 매년 전 세계에서 축제와도 같은 호그 랠리(HOG Rally) 행사를 가지며 우리는 모두 할리임을 확인한다. 전 세계에 130만 명이 넘는다는 회원들, 일명 호그족들은 몸에 할리데이비슨 문신을 새길 정도로 열정

포르투갈에서 열린 2019 호그 랠리

적이고 절대적인 충성 고객이다. 그들의 브랜드에 대한 로열티는 이미 마니아라는 말을 넘어 컬트라 부를 지경이다. 이제 할리데이비슨은 고객이 자발적으로 끌고 가는 회사가 된 것이다. 자연스럽게 호그(HOG)는 회사의 새로운 수익원이 되었다. 회원들은 일반적으로 의류와 할리데이비슨이 후원하는 행사 등에서 일반 할리 라이더들보다 30% 더 많은 돈을 쓴다고 한다.

셀럽의 내러티브 효과는 항상 자명하다. "터미네이터"의 포스터에서 할리 크루저를 타고 있는 아놀드 슈왈츠제네거 뿐 아니다. 그 이전에도 엘비스 프레스리나 말론 브랜도 같은 연예계 명사들이 영화나 광고에서 할리의 오토바이와 함께 했다. 이들이 설령 PPL이었을지 모르나, 다른 그 어느 셀럽이라도 할리의 바이크와 함께 하는 것에 의아해 하진 않을 것이다.

할리데이비슨의 오토바이는 배기가스와 떨어질 수 없는 태생적 한계

할리 데이비슨의 다양한 표현

가 있다. 환경에 대한 책임에서 자유로울 수 없는 것이다. 할리데이비슨은 2005년 환경보호청으로부터 배출가스 테스트를 받았고, 이에 환경기준에 어긋나는 재료나 제조기술상 결함이 없음을 보장하는 환경보증서를 제작했다. 할리데이비슨은 환경적 책임을 매우 중대하게 받아들였고, 과거의 오염에 대한 조사와 정화에도 적극 노력하였다. 결국 심각한 오염문제를 피해 갈 수 있었고, 이후에도 지속적으로 인간의 건강과 환경을 보호하기 위한 해결책에 적극 나서고 있다.

할리데이비슨은 클래식 브랜드이고 고객은 레트로 마니아이다. 보수성과 폐쇄성의 이미지가 드리울 법도 하지만 호그족들은 낭만적이고 편안한 여유를 즐기는 듯하다. 100년 이상의 세월을 오직 한 가지 아이템에만 집중한 일관성이 할리의 진정성이자 정체성이다. 여기에 할리 사운드 · 커스텀 · 할리 유니폼, 그리고 호그(HOG)는 한 길만을 달릴 때 자칫 느슨하고 완만해질 수 있는 전통의 생명력을 지속적으로 유지시키는 의미 있는 내러티브의 역할을 하고 있다.

NFs: 품질, 차별성, 정체성, 진정성, 품격, 사회공헌, 셀럽, 팬덤
IPs: 할리 사운드, 할리 유니폼, 커스텀, 호그(HOG), 호그 랠리

5부
내러티브 마케팅의 종류와 성격 분석

내러티브 마케팅의 패턴과 제작

1. 내러티브 마케팅의 종류와 성격 분석

지금부터의 얘기는 실질적인 문제이다. 차원을 달리하여 보자면, 30개 브랜드가 성공할 수 있었던 가장 중요하고 근본적인 요인은 "품질"이다. 마땅히도, 품질이 좋지 않고서 단지 이야기로만 포장된 제품이 명품이 될 수는 없는 것이다. 하지만 질 좋은 제품이라 해서 모두 살아남은 것은 아니다. 우리 앞의 명품이 역사적으로 존재했던 저 기라성 같은 고품질의 브랜드들 가운데 지금껏 살아남은 이유는 남들과 다른 자기만의 고유한 특성, 즉 차별성을 가졌기 때문이다. 호떡이라고 다 같은 호떡이 아니다. 반죽부터 이미 차이는 시작된다. 품질·차별성과 더불어 중요한 요소는 정체성이다. 한 순간만을 지배할 것이라면 정체성은 필요 없다. 하지만 지속적으로 권좌를 지키려면 자기 나름의 진면목이 필수다. 다른 누구와도 섞이거나 혼동되지 않는 자기다움이 정체성이며, 구매자가 상품을 자신과 동일시하는 통과의례의 과정에서 등대와 같은 길잡이의 역할을 하는 것도 정체성이다.

이로써 보면, "성공한 브랜드 30"은 단 하나의 예외 없이 아래의 세 기본을 통과했다.

첫째, 최고 수준의 품질을 보여주었다.

둘째, 자기만의 고유한 특별함, 즉 차별성을 갖췄다.

셋째, 다른 누구도 넘볼 수 없는 고유의 본질을 간직하고 있다.

품질은 장인정신과 극강의 제품력을 말한다. 차별성은 최초·비주얼 아이덴티티·개성·희소성·초고가 등의 요소를 말한다. 정체성은 본질적 고유함과 본연의 원칙을 말한다. "성공한 브랜드 30"이 갖춘 내러티브 인자(Narrative Factor)를 종합해 보면, "절대적 품질"과 "자기만의 특별함" 및 "본연의 정체성", 그리고 여기에 마지막으로 더해진 "일관된 진정성" 등의 덕목이 명품 브랜드의 성공요인이자 조건임을 알 수 있다. "성공한 브랜드 30"을 기준으로 봤을 때, 품질·차별성·정체성·진정성의 네 인자는 브랜드로서 성공하기 위한 필수항목이자 토대인 것이다.

"성공한 브랜드 30"의 내러티브 평가(Narrative Valuation)

브랜드	4NIs	역량		가치				배려		우연	
	10NFs	품질	차별성	정체성	진정성	품격	철학	사회공헌	이야기	셀럽	팬덤
기네스		✔	✔	✔		✔		✔	✔		
라이카		✔	✔	✔	✔	✔		✔		✔	✔
러쉬		✔	✔	✔	✔		✔	✔			
레고		✔	✔	✔	✔			✔	✔		✔
록시땅		✔	✔	✔	✔		✔	✔			

브랜드	4NIs	역량		가치				배려	우연		
	10NFs	품질	차별성	정체성	진정성	품격	철학	사회공헌	이야기	셀럽	팬덤
롤렉스		✔	✔	✔	✔	✔		✔		✔	✔
롤스로이스		✔	✔	✔	✔	✔				✔	
리모와		✔	✔	✔	✔	✔			✔		
리츠 파리 호텔		✔	✔	✔		✔			✔	✔	
마이센		✔	✔	✔	✔	✔			✔		
몰스킨		✔	✔	✔	✔			✔	✔	✔	✔
몽블랑		✔	✔	✔	✔	✔		✔		✔	✔
미니		✔	✔	✔	✔			✔	✔	✔	✔
버버리		✔	✔	✔	✔	✔			✔	✔	
블루 보틀 커피		✔	✔	✔	✔		✔	✔			
산타 마리아 노벨라		✔	✔	✔	✔	✔	✔	✔			
샤넬		✔	✔	✔	✔	✔	✔		✔		
샴페인		✔	✔	✔	✔	✔			✔		
쇼메		✔	✔	✔		✔	✔	✔	✔	✔	
에르메스		✔	✔	✔	✔	✔		✔	✔	✔	
에비앙		✔	✔	✔	✔		✔	✔	✔	✔	
웨지우드		✔	✔	✔	✔	✔			✔	✔	
이솝		✔	✔	✔	✔		✔				
이케아		✔	✔	✔	✔		✔	✔			
캐나다구스		✔	✔	✔	✔			✔		✔	

브랜드	4NIs	역량		가치		배려		우연		
	10NFs	품질	차별성	정체성	진정성	품격	철학	사회공헌	이야기	셀럽	팬덤
트와이닝		✔	✔	✔		✔	✔	✔	✔	✔	
티파니		✔	✔	✔	✔	✔			✔	✔	
파타고니아		✔	✔	✔	✔		✔	✔	✔		
프라이탁		✔	✔	✔	✔		✔	✔			✔
할리데이비슨		✔	✔	✔	✔	✔		✔		✔	✔
항목합계		30	30	30	26	18	12	20	20	18	8

이 표에서 확인할 수 있는 것은 "품질·차별성·정체성·진정성"이란 네 가지 내러티브 인자의 중요성이다. 품질과 차별성 및 정체성은 "성공한 브랜드 30" 모두가 충족했고, 진정성(26개 브랜드) 분야 역시 거의 모든 브랜드가 요건을 갖췄다. 따라서 이 네 인자는 "성공한 브랜드 30"의 토대이자 브랜드가 성공하기 위해 반드시 갖춰야할 필수항목이라 할 수 있다.

한편 이 필수항목들에 더해 "성공한 브랜드 30"이 빛을 발할 수 있도록 해준 발광(發光)항목으로는 사회공헌(20개), 이야기(20개), 품격(18개), 셀럽(18개) 등을 꼽을 수 있다. 나아가 철학(12개)과 팬덤(8개)의 두 요소는 이미 자기 존재를 분명히 세운 성공 브랜드에 빛을 더해준 증광(增光)항목이다.

정리하자면 필수항목에 해당하는 네 가지 내러티브 인자는 브랜드가 성공하기 위해서 반드시 준비하고 선결해야할 토대 요소이고, 발광(發光) 항목과 증광(增光)항목에 해당하는 나머지 여섯 가지 내러티브 인자는 성공한 브랜드가 더욱 발전하고 지속될 수 있도록 해주는 도약 요소라 할 수 있다.

2. 내러티브 마케팅의 기획과 제작

이제 실제로 내러티브 마케팅을 고안하는 방안을 생각해보자. 이것은 하나의 프로젝트이다. 어떻게 내러티브 마케팅을 기획하고 제작할 것인가? 지금부터 "성공한 브랜드 30"을 벤치마킹하여 내러티브 마케팅 프로젝트의 로드맵을 제시하도록 한다.

앞서 "품질, 차별성, 정체성, 진정성"의 네 가지는 브랜드가 성공하기 위해 반드시 갖추어야 할 기본 덕목이라 언급한 바 있다. 여기서부터 로드맵은 시작된다. 일단 품질에 대해선 논하지 말자. 품질이 최고 수준에 오르지 못하면 브랜드가 성공할 수 없고 명품도 되지 못한다. 설령 반짝 빛날 순 있어도 말 그대로 잠깐이다. 내러티브 마케팅 프로젝트(Narrative Marketing Project: NMP) 로드맵의 출발은 품질이다.

NMP 로드맵 1단계: "품질" 완성하기

세상에 훌륭한 물품은 많다. 하지만 여기서 만족하고 그쳐선 안 된다. 구슬이 서 말이라도 꿰어야 보배란 말이 있다. 브랜드가 불후(不朽)의 내성(耐性)을 가지려면 품질만 가지고는 안 되며, 반드시 2~3가지 정도의 차별성을 장착해야 한다. 〈신데렐라〉는 요술봉과 유리구두, 〈백설공주〉는 빨간 사과와 난장이, 〈라푼젤〉은 긴 머리와 높은 탑 등등, 많고 많은 소재와 소품 중에서 각각은 차별적인 아이템을 특정했고, 그들은 그것들로 인식되고 기억된다. 잊지 말 것은, 아이템이 너무 많으면 안 된다는 것이다.

너무 많으면 심미피로가 생기고, 인상을 줄 수 없으며, 결과적으로 기억에 남지 않는다. 가짓수가 너무 많은 식당은 대개 메뉴 전체가 저렴하기에 가성비 때문에 들르고, 진정 맛집으로 찾는 식당은 특정 메뉴 때문에 가게 된다.

NMP 로드맵 2단계: "2~3가지의 차별적 아이템" 고안하기

명품이 보여주는 차별성은 대개 "최초 · 비주얼 아이덴티티 · 개성 · 희소성 · 초고가" 등의 요소를 말하는데, 그 중 핵심은 "개성"과 "비주얼 아이덴티티"이다. "최초"는 시간 역사의 산물이므로 인위적으로 가공할 수 없는 요소이고, "희소성"은 거의가 한정판이 갖는 의미이며, "초고가"는 원재료의 값과 장인솜씨의 공임에 명품 프리미엄을 얹은 것이다. 따라서 "최초 · 희소성 · 초고가"는 운전(運轉)의 폭이 좁다. 하지만 "개성 · 비주얼 아이덴티티"의 가소성(可塑性)은 무궁무진하다. 아래 표로부터 "성공한 브랜드 30"이 "개성"과 "비주얼 아이덴티티" 측면에서 어떠한 차별성을 보여주었는지 참고할 수 있다.

⟨"내러티브 인자→차별성→개성"의 해당 내용⟩

브랜드	"개성"에 해당하는 내러티브 내용
기네스	기네스북, 맥주병투척, 위젯
라이카	전용매장
러쉬	No 광고·No 샘플·No 방부제·No 독성, 벌거벗은 화장품
레고	표준화된 규격, 무한대의 사용법
록시땅	원료이름으로 된 제품명
롤렉스	크라운 로고
롤스로이스	RR우산, 코치 도어
리모와	24시간 내 호텔 수리 서비스, 360° 회전의 멀티 휠 시스템, TSA 잠금장치, 스티커
리츠 파리 호텔	사생활 보호, 프레스티지 스위트
마이센	색상의 공식과 표준
몰스킨	"마이 몰스킨"(몰스킨에 표현한 작품 공유), 분실 보상, 시리즈 수첩(몰스킨 패션 저널, 몰스킨 시티 노트), 아직 쓰지 않은 책
몽블랑	이리듐 닙
미니	역동성
버버리	버버리 레인코트(트렌치코트)
블루 보틀 커피	핸드드립 커피, 단일 컵 사이즈, 리스트레토, 적은 메뉴, Wi-Fi
산타마리아노벨라	No 광고·No 샘플. 약초정원
샤넬	화려한 패션쇼
샴페인	빈티지
쇼메	조세핀 컬렉션

에르메스	장인의 솜씨
에비앙	알프스 빙하
웨지우드	자스퍼 재질
이솝	개수대
이케아	구매자 직접 조립, 제품명, 조립설명서, 카탈로그, 플랫팩
캐나다구스	방극한(防極寒)용
트와이닝	애프터눈 티
티파니	티파니 세팅
파타고니아	반진고리 제공, 알피니즘, 원 웨어 프로젝트(무료 평생 수선)
프라이탁	중고의 역사, 업사이클링
할리데이비슨	호그, 호그 랠리

⟨"내러티브 인자→차별성→비주얼 아이덴티티"의 해당 내용⟩

브랜드	"비주얼 아이덴티티"에 해당하는 내러티브 내용
기네스	짙은 색, 아일랜드 하프 문양
라이카	투박하고 견고한 외형
러쉬	화려한 색채, 맹렬한 향기
레고	스터드와 튜브의 레고 브릭 결합 원리
록시땅	프로방스 정취의 빨강·노랑·파랑 색감과 인테리어
롤렉스	숫자 "IIII"
롤스로이스	"RR"로고, RR휠캡, 환희의 여신상
리모와	그루브 패턴
리츠 파리 호텔	고전적 궁정 인테리어
마이센	고유하고 특별한 장식 모티브(백조와 눈꽃), 다양한 디자인 패턴(어니언 패턴, 마이센 로즈 등)
몰스킨	겉표지, 속지, 고무밴드의 외양
몽블랑	화이트 스타의 로고
미니	콤팩트한 외관과 구조
버버리	버버리 체크
블루 보틀 커피	파란 유리병 로고
산타 마리아 노벨라	피렌체 본점 매장
샤넬	까멜리아, 더블 C 로고, 샤넬 트위드(Chanel tweed)·샤넬 햇(Chanel hat)·샤넬 재킷(Chanel jacket)·샤넬 슈트(Chanel suit)·샤넬 레드(Chanel red)
샴페인	발포성 와인, 철사구조의 코르크 마개
쇼메	티아라

에르메스	새들 스티치(수공 박음질)
에비앙	분홍색 용기
웨지우드	와일드 스트로베리 패턴, 웨지우드 블루
이솝	갈색병 용기, 단독매장의 독특한 인테리어 디자인
이케아	쇼룸
캐나다 구스	북극 프로그램(Artic Program) 패치<로고>
트와이닝	황금사자
티파니	티파니 블루, 티파니 블루 박스
파타고니아	환경과 사회를 상기시키는 캠페인 표어
프라이탁	모든 매장에서의 동일한 진열 방식, 트럭 방수포, 냄새
할리데이비슨	할리 사운드, 할리 유니폼

다음으론 정체성과 진정성이다. 품질과 차별성이 외관을 보여주는 것이라면, 정체성과 진정성은 마음을 보여주는 것이다. 인간세계라면 물론 내면의 진실이 더 중요하지만, 비즈니스와 구매의 세계에서는 "보이는 것"으로써 거래한다. 겉보기완 상관없이 마음만 알아달라고 아무리 읍소해도 소용없다. 구매는 물건을 사는 것이다. 서비스도 마찬가지이다. 정성스런 마음이 아무리 숭고하다 해도 그 마음이 객체화되지 않으면 아무 의미도 소용도 없다. 따라서 품질과 차별성이 먼저고 정체성과 진정성은 그 다음이다. 그렇다고 정체성과 진정성의 중요도가 떨어지는 것은 결코 아니다. 설령 품질과 차별성에서 탁월하다 해도 정체성과 진정성이 없다면 역시 "잠깐 호령"일 뿐이다.

NMP 로드맵 3단계: "정체성 · 진정성" 구축하기

정체성은 본질이나 본연과 관계되는 문제이므로 한 브랜드의 입장과 원칙을 말하는 것이다. 따라서 정체성은 우리가 어떻게 생겨났고 무엇을 지향하는지를 보여주는 것이다. 한편 진정성에서 가장 중요한 것은 일관성이다. 이후 브랜드가 어떠한 길을 걷더라도 이 초심을 잃으면 안 된다. 구매의 동기는 품질이나 차별성에서 비롯될 수 있겠지만, 구매의 지속은 정체성과 진정성으로부터 유지된다.

아래 표를 통해 "성공한 브랜드 30"이 어떠한 정체성과 진정성을 완비했는지 참고하도록 하자.

〈"내러티브 인자→정체성"의 해당 내용〉

브랜드	"정체성"에 해당하는 내러티브 내용
기네스	부드러운 거품, 맥주의 맛
라이카	필름카메라의 클래식과 아날로그, 미니멀 디자인, 독일산(Made in Germany)의 신뢰, 궁극의 렌즈
러쉬	신선한 수제(手製) 화장용품
레고	성별·연령·세대 초월하는 즐거움, 무한 플레이 가능, 건강한 놀이
록시땅	프로방스 감성, 자연과 지역전통의 융화
롤렉스	정확성, 정밀성
롤스로이스	최고·최대·최선(현존하는 최선의 것을 동원하고 그런 것이 없다면 직접 설계해서 만들어낸다.)
리모와	경량과 내구성, 전문여행자를 위한 전문 여행 솔루션
리츠 파리 호텔	부유한 고객에게 세련된 기품 제공
마이센	자기의 원형적 기준, 화려하고 정교한 수공예
몰스킨	예술 거장의 이미지를 중첩시킨 아날로그적 경험
몽블랑	성공의 아이콘, 브랜드의 고급화, 만년필다운 만년필
미니	미니멀 디자인, 자유로운 60년대를 상징하는 문화적 아이콘
버버리	"영국다움"의 상징, 전통과 모던함 사이의 균형 감각
블루 보틀 커피	느린 커피, 정성
산타 마리아 노벨라	수백 년 전통의 레시피와 원료, 수도사의 약국, 도미니크 수도사들의 장인정신
샤넬	전형적인 고급 여성 이미지의 토털 룩(total look), 하이엔드 고객의 자부심을 만족시키는 것이 목적

샴페인	가족 승계 가업, 100% 빈티지 샴페인〈돔 페리뇽〉
쇼메	하이 주얼리
에르메스	대량생산과 분업을 거부하는 전통적 수공예 공정, 아르티장 (artisan: 장인)을 아르티스트(artiste: 예술가)와 동일시
에비앙	치료 효과의 생수
웨지우드	영국의 대표 도자기회사, 영국 도예의 본산
이솝	사용자 친화적 제품 개발
이케아	스칸디나비안 스타일, 이케아 효과, 스마트한 제품 디자인
캐나다 구스	"캐나다다움"의 상징, 탐험가 정신
트와이닝	영국왕실 공식 차(茶)공급자
티파니	뉴욕을 상징하는 주얼리, 상류사회의 부와 행복에 대한 상징
파타고니아	친환경
프라이탁	진짜 빈티지
할리데이비슨	공동체 정신, 고전적 설계, 수작업

〈"내러티브 인자→진정성"의 해당 내용〉

브랜드	"진정성"에 해당하는 내러티브 내용
라이카	수작업 소량생산, 내구성
러쉬	100% 수작업, 식물성 원료, 환경친화적 포장
레고	정직함, 어린이를 위한 안전과 품질 중시
록시땅	자연환경에 대한 존중과 동화(同化), 친환경 재료
롤렉스	기계식 고집
롤스로이스	예술과 과학의 융합, 수작업
리모와	독일 장인의 수작업
마이센	300년간 재해석되어온 전통, 모든 생산 단계를 하나의 장소에서 수행
몰스킨	겉표지·속지·고무밴드라는 세 요소의 상징적 외양 유지
몽블랑	함부르크에서만 생산(만년필), 한정판 제작 후 스탬핑 형판 파기
미니	기본적 형태와 디자인 유지
버버리	유행의 흐름에 좌우되지 않는 내구성과 실용성 중시
블루 보틀 커피	오로지 커피의 맛에만 집중
산타 마리아 노벨라	제품에 사용되는 약초는 반드시 피렌체 지역에서만 재배
샤넬	트위드 재킷과 스커트의 앙상블 콘셉트
샴페인	샹파뉴에서 생산되어야만 샴페인이라고 명명, 완벽을 추구하는 집념
에르메스	100% 프랑스 제작(가방), 원가 절감 없이 오로지 품질에만 집중, 최고 추구, 디테일 혁신
에비앙	품질보장 노력(하루 300개 이상 물 테스트)
웨지우드	열정적이고 도전적인 실험, 도자기 제조의 혁명
이솝	도덕적 책임감
이케아	가격 절감, 대량 생산 시스템, 실용적 기능
캐나다 구스	100% 캐나다산(産), 기능성에만 집중

티파니	독보적인 원석 가공 기술과 디자인
파타고니아	환경 집중, 100% 유기농 목화 사용
프라이탁	오직 스위스 공장에서의 수작업
할리데이비슨	오직 한 가지 아이템에만 집중

10가지 내러티브 인자 가운데 지금껏 "품질·차별성·정체성·진정성"의 네 가지를 거론하였고, 이들로써 로드맵은 3단계까지 진행하였다. 여기서 나머지 여섯 개의 인자들을 정리할 필요가 있다. 그런데 그들 중엔 로드맵에 포함되지 않는, 혹은 포함될 수 없는 인자가 있다. 다시 말해서 인위적으로 만들어내기 여의치 않은 항목도 있다는 말이다.

우선 "품격"은 역사와 전통으로부터 나오는 것이므로 후발주자가 갑자기 혹은 인위적으로 갖출 수 없는 덕목이다. "품격"은 대개 시간 역사와 결부될 뿐 아니라, 예컨대 영국왕실과의 관계 등과 같은 외부 환경과도 밀접히 연결되어 만들어진 산물이다. 분명 의미 있는 내러티브이기는 하지만 그 시간의 역사를 갖지 못한 브랜드는 갖출 수 없다. 하지만 "품격"이 명품을 만드는 유일하고도 결정적인 인자가 아니기에 절망할 것은 없다. "품격"에서 점수를 놓쳤다면 다른 데서 얻으면 된다.

"셀럽"과 "팬덤" 역시 인위적, 의도적으로 단기간에 생성하기 어려운 내러티브 인자이다. 어떤 브랜드가 광고모델로 엮은 셀럽이나, 뒷광고로 해적질하는 인플루언서 등은 내러티브 인자로서의 "셀럽"이 아니다. 내러티브 인자로서의 "셀럽"은 자발적으로 다가와 애정을 보여주고 그 브랜드와 한 가족이 된 유명인을 말한다. 얼리 어답터나 덕후, 혹은 일시적 소유 욕구에 흥분한 묻지마 고객도 진정한 "팬덤"이라 할 수 없다. 그 브랜드 제품을 자기와 동일시하고 자신을 투영시켜 존중하는 이들, 그 브랜드의 역사와 철학을 믿고 동조하며 응원하는 이들, 그리고 그들이 서로 대오를 갖춰 연대하고 유대하는 이들만이 "팬덤"이라 불릴 수 있다. 어떻게 이러한 "셀럽"과 "팬덤"을 기획회의나 마케팅 담당 TF에서 만들어낼 수 있단 말인가? 다만 역으로 "성공한 브랜드 30"의 대표적인 "셀럽"과 "팬덤"의 사례는 브랜드의 발전 방향을 수립하기 위한 전략 수립에서 참고할 만하다. "성공한 브랜드 30"에 자주 등장하는 셀럽으로는 엘리자베스 여왕, 어네스트 헤밍웨이, 마릴린 먼로, 오드리 헵번 등이 있으며, 팬덤의 성격은 대체로 수집 그룹과 동조 그룹이라 할 수 있다.

    그렇다면 후발주자 혹은 신생주자가 상대적으로 혹은 의도적으로 경주해야 할 덕목은 "철학·사회공헌·이야기"의 세 가지 내러티브 인자이다. "철학·사회공헌·이야기"의 세 가지는 내러티브 플롯의 관건이자 핵심이다. 반복하지만, "셀럽·팬덤"은 내러티브 플롯 제작이 불가능하다. 이 둘은 부수적으로 따라오는 비의도성(非意圖性) 결과물이기 때문이다. 광고나 홍보 전략에 의해 이 둘을 성공시키겠다면 이는 내러티브로서의 생명력이 없으며 따라서 지속성이 없게 된다. 혹시 인위적 허구성이 드러날 경우 오히려 역효과만 낳게 된다. 내러티브〈"철학·사회공헌·이야기"〉 요소 없이 보상〈"셀럽·팬덤"〉을 거둔 경우는 "성공한 브랜드 30" 가운데 단 하나도 없었다. 내러티브〈"철학·사회공헌·이야기"〉 단계를 건너뛰고 혹은 무시하고 바로 보상〈"셀럽·팬덤"〉을 기대하거나 획책해선 안 된다. 그것은 곧 오버광고이자 곧바로 정체성과 진정성을 해치는 것이기 때문에 총체적 붕괴까지 야기될 수 있다. 셀럽과 팬덤이란 보상은 그만한 충분한 이유와 가치가 있기 때문에 나타난 행운의 결과이다. 행운은 작위(作爲)될 수 없다. 내러티브가 성공하면 명품의 반열에 오르게 된다. 한둘 혹은 두세 개의 부가적 내러티브 요소의 성공에 이어 "셀럽·팬덤"까지 성공하면 금상첨화이다.

결론적으로 후발 혹은 신생 주자에게 있어, "품질·차별성·정체성·진정성"의 네 가지는 기본이자 필수이며, 이것들이 받쳐줄 때 "철학·사회공헌·이야기"의 세 가지 부가 요소를 중점적으로 개척해야 한다. 여기서 일단 이 세 가지 부가 요소를 "철학·사회공헌"과 "이야기"의 둘로 나누어서 접근하도록 하자. "성공한 브랜드 30"의 대표적인 "철학"은 "자연주의·미니멀리즘·기업윤리·업사이클링·사회변화 추구" 등이었고, "사회공헌" 방면에서의 대표적인 기여는 "환경보호·사회환원·공정무역·공동체협력" 등이었다. 그럼 후발 혹은 신생 브랜드는 어떤 철학을 수립할 것인가? 기본적으로 자연주의와 미니멀리즘을 표방하는 것이 기본이면서 가장 무난할 것이다. 다음으로 어떻게 사회공헌을 할 것인가? 여기서는 환경보호와 사회환원이 가장 일반적이다. 다만, 단순 후원 차원을 넘어 사회변혁을 주도하는 적극성을 보여야 효과가 극대화된다.

NMP 로드맵 4단계: "철학·사회공헌" 설정하기

마지막으로 무슨 "이야기"를 창출, 전개할 것인가? "이야기" 전략이 가장 어렵다. 이야기 플롯은 고도의 전략과 전술이 필요하기 때문이다. "성공한 브랜드 30"의 내러티브 인자 중 "이야기" 분야에서는 주로 "연고·유래"가 활용되었다. 그런데 브랜드마다 독특하고 개별적인 사례라 키워드로 분류하긴 쉽지 않다. 그만큼 가장 창의적인 기획이 요구되는 항목이다. 하지만 중요한 것은, 역사와 전통이 없더라도 "이야기" 창출은 가능하다는 점이다. 왜냐하면 내러티브로서의 "이야기"는 단순한 옛날이야기 류가 아니기 때문이다.

NMP 로드맵 5단계: "이야기" 제작하기

내러티브 마케팅 프로젝트(Narrative Marketing Project: NMP) 로드맵의 마지막 단계로서 "이야기" 제작에 대해 구체적으로 살펴보자. 내러티브란 기본적으로 이야기를 조직하는 방법이자 기술인데, 내러티브를 하나의 양식으로 제작하기 위해선 플롯의 전략이 필요하다. 스토리가 다만 무언가를 묘사하는 것이라면, 플롯은 어떻게 묘사하는가를 말한다. 플롯의 전략에 의해 수립된 내러티브는, 따라서 단순한 스토리텔링을 넘어서는 효과와 가치를 갖게 된다. 먼저 내러티브 인자로서의 "이야기"를 제작하기 위해 다음과 같은 사전작업이 필요하다.

(1) 구매자의 마음이 작동하는 방식을 분석한다. 그들의 환경적 요인으로부터 만들어진 "정체성·취향"과 사회적 관심 등이 조성한 "지향성"을 파악하고 그것들로 구성된 중요한 가치가 무엇인지

알아낸다.

(2) 구매자가 추구하는 다양한 가치 중 상품의 특성과 가장 잘 맞는 것을 찾아낸다.

이제 핵심은 "구매자가 추구하는 가치"와 "상품의 특성"을 매치시키는 것이다. 모든 내러티브 플롯의 전략은 여기에 초점을 맞춘다. 이때 내러티브 플롯의 키워드는 다음과 같은 흐름을 가져야 한다.

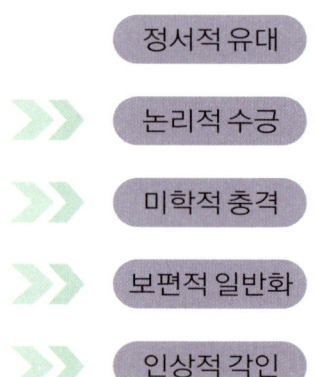

첫째, "정서적 유대"는 공감과 연대감을 말한다. 인간의 근원적인 마음을 의미하는 원형심상(原型心象)을 참조하여, 구매자를 정의하는 가치가 브랜드와 매치될 수 있는 공감과 연대감의 요소를 만들어야 한다. 구매의 동기는 합리적인 것이 아니라 감정적인 것이다.

둘째, "논리적 수긍"은 구매자로 하여금 그 공감과 연대감이 정의롭고 합리적이라는 자기 확신을 주게 함을 말한다. 논리적으로 수긍케 하려면 브랜드와 구매자 사이에 인과관계를 만들어야 한다.

셋째, "미학적 충격"은 내러티브 포인트, 즉 2~3개의 압점을 말한다. 정서적 유대와 논리적 수긍을 거친 다음 미학적 충격은 가장 직각적이고 결정적인 구매 동기로 작동한다.

넷째, "보편적 일반화"는 구매의 동기가 일시적인 것이 아니라 지속적인 것이 되게 하는 플롯이다. 이 플롯은 구매자 심리의 심층구조에 반복적으로 구동하는 일정한 패턴을 만드는 것이다. 이러한 보편적 일반화는 역설적으로 동일한 궤도 안에만 머물게 하는 효과를 낳는다.

다섯째, 마지막으로 "인상적 각인"은 이미지와 사운드, 플래시백(flashback) 전개 등과 같은 영화적 기법을 통해 내러티브 효과를 극대화하는 전술을 말한다. 예컨대, 이미지에서의 가장 대표적인 사례는 애플의 "깨물어먹은 사과" 로고를 들 수 있다. 여기에는 비주얼 아이덴티티 설정이 가장 중요하다. 이 마지막 단계까지 완성되면, 구매자는 바야흐로 함께 기뻐하고 함께 걱정하며 한 곳만 바라보는 동일체가 될 것이다.

최종적으로 후발 혹은 신생 주자가 가야 할 로드맵은 다음과 같이 정리할 수 있다.

1단계	"품질"완성하기
2단계	"2~3가지의 차별적 아이템"고안하기
3단계	"정체성·진정성"구축하기
4단계	"철학·사회공헌"설정하기
5단계	"이야기"제작하기

그리고 이러한 로드맵의 전반적인 맥락의 흐름은 아래와 같다.

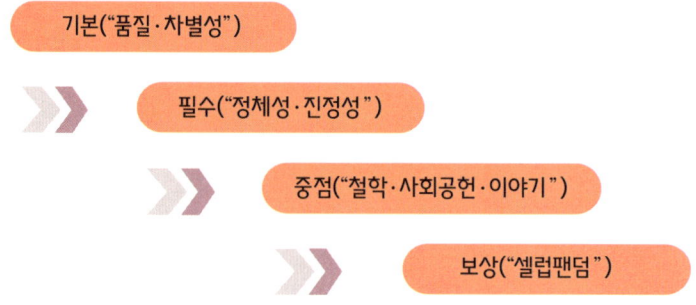

마지막으로 "성공한 브랜드 30"의 내러티브 점수를 제시하고자 한다. 각 내러티브 인자에 대한 배점은 기본적이고 필수적인 요소인가에 대한 기준에 따라 매겼다. 만점은 22점이며, "성공한 브랜드 30" 가운데 최고 점수는 20점, 최저 점수는 14점이다. 높은 점수부터 브랜드를 열거했으며 같은 점수일 경우 가나다순에 의해 배열하였다. 기본에 충실할수록 높은 점수를 받았기에 이 내러티브 점수는 지속가능성을 짐작하는 지표가 될 수 있을 것이라 생각한다. 각각이 구현한 내러티브 인자의 충족 여부 및 편향에 따라 점수의 차등이 발생함을 볼 수 있다. 업종과 구매자의 대상은 다르지만 어느 브랜드가 롱런할 수 있을지 대략적으로 가늠할 수 있을 것이다.

⟨"성공한 브랜드 30"의 내러티브 점수(Narrative Score)⟩

브랜드	기본	필수			구현			보상			점수 (22)
항목	품질	차별성	정체성	진정성	철학	사회공헌	이야기	품격	셀럽	팬덤	
배점	4	3	3	3	2	2	2	1	1	1	
산타 마리아 노벨라	✓	✓	✓	✓	✓	✓	✓	✓			20
에비앙	✓	✓	✓	✓	✓	✓	✓		✓		20
몰스킨	✓	✓	✓	✓		✓	✓			✓	
샤넬	✓	✓	✓	✓	✓	✓	✓	✓	✓		19
에르메스	✓	✓	✓	✓		✓	✓	✓	✓		
티파니	✓	✓	✓	✓				✓	✓		
파타고니아	✓	✓	✓	✓	✓	✓	✓				

브랜드	1	2	3	4	5	6	7	8	9	10	점수
라이카	✔	✔	✔	✔		✔		✔	✔	✔	18
레고	✔	✔	✔	✔		✔	✔			✔	18
롤렉스	✔	✔	✔	✔		✔		✔	✔	✔	18
몽블랑	✔	✔	✔	✔		✔		✔	✔	✔	18
쇼메	✔	✔	✔		✔	✔	✔	✔	✔		18
트와이닝	✔	✔	✔		✔	✔	✔	✔	✔		18
프라이탁	✔	✔	✔	✔	✔	✔				✔	18
할리데이비슨	✔	✔	✔	✔		✔		✔	✔	✔	18
러쉬	✔	✔	✔	✔	✔	✔					17
록시땅	✔	✔	✔	✔	✔	✔					17
버버리	✔	✔	✔	✔			✔	✔	✔		17
블루 보틀 커피	✔	✔	✔	✔	✔		✔				17
샴페인	✔	✔	✔	✔			✔	✔	✔		17
웨지우드	✔	✔	✔	✔			✔	✔	✔		17
이솝	✔	✔	✔	✔	✔		✔				17
이케아	✔	✔	✔	✔	✔	✔					17
리모와	✔	✔	✔	✔			✔	✔			16
마이센	✔	✔	✔	✔			✔	✔			16
캐나다구스	✔	✔	✔	✔		✔			✔		16
기네스	✔	✔	✔			✔	✔	✔			15
롤스로이스	✔	✔	✔	✔				✔	✔		15
리츠 파리 호텔	✔	✔	✔				✔	✔	✔		14

그리고 남은 한 가지는, 나를 평가해보는 것이다. 내 브랜드의 내러티브 점수는 얼마인가? 나는 "성공한 브랜드 30"과 얼마나 가까운가? 무엇이 부족하고 어떤 것을 견뎌내야 하는가? "성공한 브랜드 30"으로부터 무엇을 배울 것인가? 다만 외람된 말이지만, 품질에 대해 자신이 없다면 아직 내러티브 마케팅을 생각할 때가 아니다. 첫 항목부터 점수를 매기기 어렵겠다면, 우선 품질 완성에 매진해야 한다.

〈내 브랜드의 내러티브 점수는?〉

브랜드	구분	기본	필수			구현			보상			점수 (22)
	항목	품질	차별성	정체성	진정성	철학	사회공헌	이야기	품격	셀럽	팬덤	
	배점	4	3	3	3	2	2	2	1	1	1	
My Brand		○	○	○	○	○	○	○	○	○	○	?